Hannelore Dierks
Weißt du, wie der Regen schmeckt?

Hannelore Dierks

Weißt du, wie der Regen schmeckt?

Das große Vorlesebuch

Mit Bildern von Susanne Wechdorn

Sauerländer

Hannelore Dierks leitete 25 Jahre lang einen Kindergarten
und arbeitete in der Fortbildung von Erzieherinnen und Eltern.
Im Patmos Verlag sind bereits erschienen:
„Der kleine Bär und die große Schatzkiste" sowie
„Viele Grüße, dein Maximillian".

Susanne Wechdorn studierte erst Rechtswissenschaften
und wurde danach Grafik-Designerin.
Seit einigen Jahren arbeitet sie als freie Illustratorin in Wien
und erhielt für ihre Arbeit den Kinderbuchpreis
der Stadt Wien und den Österreichischen Staatspreis.

Bibliografische Information der Deutschen Bibliothek

Die Deutsche Bibliothek verzeichnet diese Publikation
in der Deutschen Nationalbibliografie;
detaillierte bibliografische Daten sind im Internet
über http://dnb.ddb.de abrufbar.

2. Auflage 2003
© 2002 Patmos Verlag GmbH & Co. KG
Sauerländer Verlag, Düsseldorf
Alle Rechte vorbehalten.
Umschlaggestaltung: Heike Ossenkop & pinxit, CH-Basel,
unter Verwendung einer Illustration von Susanne Wechdorn
Druck und Bindung: Clausen & Bosse, Leck
ISBN 3-7941-6016-9
www.patmos.de

Inhalt

Geschichten im Jahreskreis

Ein Schloss für die Raupenkönigin 10
Die Murmelburg 13
Pias Apfelbaum 15
Weißt du, wie der Regen schmeckt? 20
Der neue Schlitten 24
Der große und der kleine Clown 27
Maus und Marienkäfer 29
Weil du nicht dazugehörst 31
Können Hasen malen? 34
In der Osternacht 37
Martinssingen und ein trauriges Lied 39
Der Schokoladennikolaus 43
Ein Weihnachtsgeschenk für die Eltern 45
Ein Ball für Oma 49
Alles was ich mir wünsche 54
Ein Luftballon haut ab 61
Es ist gelb und ein Freund hat darauf Platz 63

Vom Größerwerden

„Das Bett ist zu groß und riecht so komisch" 66
„Alles muss ich alleine machen" 68
Mama traut sich nicht 70
Nur spielen musst du jetzt alleine 74
Da machen wir nicht mit 79

Vom Streiten und Vertragen

Ich werde es euch zeigen 84
Das Zauberwort 88
Ich will auch mal mit den andern spielen 92
Manchmal kann ich fliegen 96
Robert hat einen Freund 101
„Du hast angefangen!" 105
Weggeschickt und ausgelacht 107
Mach ein Fenster in die Mauer 111
Kraft im Kopf 116
Der chinesische Knoten 119
Das verzauberte Haus 122
Die eingesperrten Wörter 125

Zwischendurch-Geschichten

Ich nenne dich Bienchen 130
Ein neuer Freund 132
Keine Zeit zum Träumen 133
Kängurutränen sieht nicht jeder 138
Können Hexen lieb sein? 142
Keiner will der Bürgermeister sein 147

Familiengeschichten

Was ich mir wünsche, kann man nicht malen 154
Ein Meckerziegenbock wird Opa 158
„Das tut mir weh!" 163
Ihr seid geschieden – nicht Opa und ich! 165
Sommerspielsachen und Winterbücher 169

„Ich bin aber noch nicht müde!" 173
„Ich will aber wütend sein!" 176
Wo ist Bastian? 178
„Komm mit mir in mein Deckenhaus!" 180
Was ist das schon? 183
Der bärenstarke Leopold 188
Ein trauriges Gefühl 193
Er ist doch noch so klein 197
Mich brauchen sie hier nicht 202
Krokodilswäsche 208
„Das schaffst du nie!" 214

Vom Abschiednehmen
Von Kinderquälern und Liebesbriefen 218
Eine Primel, ein Turnbeutel, eine weiße Papierblume .. 221
Tschüss, lieber Schneemann 225
Zappo ist tot 230
Der sonnengelbe Luftballon 233
Mein allerliebster Kletterbaum 236

Geschichten im Jahreskreis

Ein Schloss für die Raupenkönigin

„Pass auf, Linda! Nicht drauftreten!", sagt Kim.
Er hält einer kleinen braunen Raupe einen Zeigefinger hin.
„Komm, klettere hinauf!"
Die Raupe krabbelt über Kims Finger, über seine Hand und seinen Arm.
„Iiih, das kitzelt", sagt Kim.
„Ist das eine Schmetterlingsraupe?", fragt Linda.
„Bestimmt! Guck mal, wie sie läuft."
„Wie schnell die das kann", sagt Linda.
„Freust du dich, dass ich dir das Leben gerettet habe?", fragt Kim die Raupe. Aber die ist fast in Kims Ärmel verschwunden.
„Nee, nee, da kommst du nicht rein", sagt Kim.
„Hier, nimm das Blatt, dann kann sie sich ausruhen", schlägt Linda vor.
Vorsichtig zieht Kim die Raupe von seinem Arm und legt sie auf das Blatt. Die Raupe bewegt sich nicht.
„Vielleicht hat sie Durst", überlegt Linda. „Soll ich ihr ein bisschen Limo holen?"
„Raupen trinken keine Limo", sagt Kim.
„Was dann?", fragt Linda.
„Wasser", antwortet Kim. Er taucht seine Hand tief in die Blumengießkanne und lässt dann ein paar Tropfen Wasser auf die Raupe fallen.
Aber die Raupe trinkt nicht, sie versteckt sich unter dem Blatt.
„Vielleicht will sie schlafen", sagt Linda und hebt das Blatt hoch. Doch da läuft die Raupe in Richtung Wiese.
„Halt sie fest, sonst haut sie ab!", sagt Kim.
Linda rupft schnell ein Grasbüschel aus und versucht die Raupe damit aufzuhalten.

Die Raupe kriecht in Lindas Hand.
„Sie ist die schönste Raupe der Welt", sagt Linda und schaut sie noch einmal ganz genau an. „Guck mal, Kim, dahinten steht Mamas Wäschekorb. Sollen wir der Raupe da drin ein Raupenkönigsschloss bauen?"
„Das ist eine tolle Idee!" Kim ist begeistert. „Aus den lila Blüten, die auf der Terrasse liegen, mache ich ihr einen Teppich", beschließt er.
„Und ich pflücke eine Rosablume für das Schlafzimmer", sagt Linda.
„Pass auf, die haben Stacheln!"
„Dornen heißt das", verbessert Linda. „Ich weiß."

Auf dem Boden in Mamas Wäschekorb liegen jetzt ganz viele Teppichblumen. Aus kleinen Zweigen bauen Kim und Linda die Zimmer im Raupenschloss. Linda legt die Raupe in das Rosenbett.
„Komm, kleine Raupe, hier riecht es so gut", sagt sie. „Kim, guck mal, wie sie in ihrem Bett herumturnt."
„Sie ist wirklich süß", sagt Kim.
„Ein Badezimmer braucht sie noch", sagt Linda.

„Das bauen wir aus kleinen Steinen", antwortet Kim.
„Hier in diese Ecke soll die Königsraupenbadewanne", schlägt Linda vor.
Die kleine braune Raupe kriecht um ihre Badewanne herum. Kim tröpfelt etwas Wasser hinein.
„Wir haben noch was vergessen", sagt Linda. „Unsere Raupenkönigin braucht eine Krone."
„Stimmt, aber wie machen wir die?", überlegt Kim.
„Vielleicht aus einem Gänseblümchen?", sagt Linda.
Kim und Linda suchen ein Gänseblümchen. Aber als sie damit zum Raupenkönigsschloss zurückkommen, ist die Raupenkönigin ohne Krone verschwunden.
„Sei nicht traurig", sagt Kim. „Vielleicht holt sie ihre Freunde, damit sie auch in dem Schloss wohnen können."
„Ich will die Raupe wiederhaben. Wir müssen sie suchen!", sagt Linda.
Kim und Linda suchen auf der Wiese, bei dem Baum mit den lila Blüten, bei den Rosablumen und im Raupenkönigsschloss in allen Zimmern. Aber sie können die Raupe nicht finden.
„Jetzt haben wir eine Krone und keine Königin", sagt Linda.
„Da, Linda! Guck mal! Da kommt sie!"
„Sie ist ohne ihre Freunde zurückgekommen", sagt Linda.
Ganz vorsichtig legt Linda die kleine braune Raupe in ihr Bett aus Rosenblättern. Kim versucht ihr die Gänseblümchenkrone aufzusetzen. Aber der Raupe gefällt das nicht.
„Wenn du eine Königin sein willst, dann musst du die Krone aushalten", sagt Kim.
Da liegt die Raupenkönigin ganz still.
„Gute Nacht", sagt Kim.
„Gute Nacht, liebe Raupenkönigin", flüstert Linda.

Die Murmelburg

Andreas will eine Sandburg bauen. Eine schöne, große.
Er freut sich, dass Mama heute schon so früh mit ihm auf den Spielplatz gegangen ist.
Mit seiner neuen blauen Schippe gräbt er ein tiefes Loch. Den Sand häuft er zu einem hohen Berg auf. Andreas strengt sich mächtig an.
Hoffentlich kommt heute keiner von den Großen und macht mir alles kaputt, denkt er.
Auf der Schaukel sitzt ein Kind. Andreas guckt zu ihm hinüber.
Das ist noch ein Baby, denkt er beruhigt.
Er sammelt Steine und kleine Stöckchen. Was da alles herumliegt! Als ob diese schönen Sachen alle nur darauf warten, dass Andreas sie findet.
Damit schmückt er seine Burg. Ein Eispapier wird die Fahne. Andreas steckt sie ganz oben in den Sand und betrachtet sein Werk.
Wenn ich Wasser hätte, würde ich einen Wassergraben bauen, überlegt er. Aber vielleicht könnte ich auch einen Wassergraben ohne Wasser anlegen?
Um die Burg herum gräbt Andreas eine Rinne.
Als er fertig ist, ruft er: „Mama, guck mal! Gefällt dir meine Burg? Und mein Wassergraben?"
Mama hört ihn nicht. Sie liest in ihrem Buch.
Andreas klopft um die Burg herum den Sand noch etwas fester.
„Super ist sie", sagt er.
In seiner Hosentasche hat er noch die Murmel, die ihm sein Bruder geschenkt hat.
Ich baue mir eine Murmelbahn, überlegt er.
Mit dem Zeigefinger drückt Andreas eine Spur in den Sand,

von der Eispapierfahne bis hinunter zum Wassergraben. Dann lässt er die Murmel rollen. Und noch einmal. Es klappt prima.
Da entdeckt Andreas Fatma, die mit ihrer Mutter über die Wiese kommt. Er ruft: „Fatma, komm hierher, zu mir!"
Fatma rennt zur Sandkiste.
„Hast du eine schöne Burg!", sagt sie.
„Es war viel Arbeit", sagt Andreas. „Kannst mitspielen."
Fatma schaut zu, wie Andreas die Murmel durch den Sand rollen lässt.
„Jetzt du", sagt er.
Fatma legt die Murmel oben auf den Sandberg. Aber sie bewegt sich nicht.
„Du musst sie anstoßen", sagt Andreas.
Fatma gibt der Murmel mit dem Zeigefinger einen Schubs.
Da kullert sie los, an einem Steinchen vorbei, bis in den Wassergraben ohne Wasser.
Fatma nimmt die Murmel heraus und hält sie gegen das Licht.
„Sieh mal, wie sie leuchtet."
„Sie glitzert toll", sagt Andreas.
Fatma hält sie an ihr Ohr.
„Die Murmel murmelt", flüstert sie. „Wenn ich dir meine Muschel schenke, die mir mein Opa aus der Türkei geschickt hat, gibst du mir dann die Murmel?"
„Ich gebe dir die Murmel ohne Muschel", sagt Andreas.
„Warum?", fragt Fatma.
„Weil ich dich lieb habe", sagt Andreas.
„Willst du schaukeln?", fragt Fatma.
„Ja", sagt Andreas.
„Komm, ich schubse dich an", sagt Fatma.

Pias Apfelbaum

Als Pia ihren dritten Geburtstag feiert, schenkt Großvater ihr einen Apfelbaum.
Pia und Großvater pflanzen ihn im Garten ein.
„Wachst zusammen und ein bisschen um die Wette", sagt Großvater.
Pia freut sich. „Das ist mein Apfelbaum", sagt sie immer wieder.
Wenn Großvater zu Besuch kommt, nimmt er Pia an die Hand und geht mit ihr in den Garten. Sie messen ab, wer gewachsen ist. Pia reckt sich ein bisschen dabei. Manchmal stellt sie sich heimlich auf die Zehenspitzen. Er soll mich nicht überholen, denkt sie.
Pia ist gerne im Garten. Mit ihrer kleinen Gießkanne bringt

sie ihrem Apfelbaum Wasser. Den Schmetterlingen erlaubt sie in ihrem Baum zu spielen.

Als Pia vier Jahre alt ist und in den Kindergarten geht, hat sie nicht mehr so viel Zeit für ihren Baum. An manchen Tagen hat sie ihn sogar ganz vergessen.
„Wir haben nur einen Balkon und keinen Garten. Können wir bei euch spielen?", fragt Simon. Er ist Pias Freund aus dem Kindergarten.
„Ja, dann zeige ich dir meinen Apfelbaum", antwortet Pia.
„Ein Apfelbaum für dich alleine?", fragt Simon.
„Ja, er gehört mir."
„Das ist aber praktisch. Da brauchst du ja gar keine Äpfel zu kaufen", sagt Simon.
Pia rennt in den Garten und Simon hinter ihr her. Aber plötzlich bleibt Pia wie angewurzelt stehen.
„Oh weh, wie sieht der denn aus?", ruft sie. „Er ist ja ganz vertrocknet. Guck mal, die Blätter. Die sind so komisch zusammengerollt!"
Ganz vorsichtig streicht Pia über ein Blatt.
„Vielleicht ist er krank", sagt Simon.
„Und hier, sieh mal", sagt Pia.
„Das ist ein Ameisennest."
Pia ist wütend. „Haut ab! Das ist mein Apfelbaum", schreit sie.
Pia schüttelt heftig an dem Zweig. Aber die Ameisen fallen nicht herunter.
„Ich muss schnell meinen Großvater anrufen", sagt Pia. „Mein Apfelbaum soll nicht sterben."
„Großvater, du musst sofort kommen", sagt sie.
Aber Großvater kann erst am Wochenende kommen, er muss zur Arbeit. Doch er verspricht einige Tage zu bleiben, weil er in der nächsten Woche Urlaub hat.

„Das ist zu spät", sagt Pia. „Bis dahin haben die Ameisen meinen Baum aufgefressen. Wie kann ich sie nur verscheuchen?"
„Mit Zauberpulver", sagt Großvater.
„Großvater, es ist ernst! Bitte hilf mir", sagt Pia.
„Lass dir von Mama ein Tütchen Backpulver geben und schütte es auf die Ameisen. Es wirkt wie Zauberpulver, du wirst sehen."
Pia streut so lange, bis die Tüte leer ist.
„Verschwindet!", sagt sie. „Los!"
Gespannt sehen Pia und Simon den Ameisen zu. Einige fangen an zu torkeln, laufen zurück und andere hinterher.
„Es klappt! Es klappt!", jubelt Pia.
„Das hätte ich nicht gedacht", staunt Simon.

Bevor Pia am nächsten Morgen in den Kindergarten geht, sieht sie schnell nach ihrem Apfelbaum.
Hoffentlich geht es ihm besser, denkt sie.
Die Ameisen sind nicht zurückgekommen. Aber Pia ist entsetzt. An den Blättern ihres Apfelbaumes entdeckt sie Blattläuse, unendlich viele. Das sind bestimmt tausend, denkt sie.
„Ihr sollt meinen Apfelbaum in Ruhe lassen", schimpft sie.
„Wo wart ihr denn gestern? Oder wirkt das Zauberpulver bei euch nicht?"
Pia ist traurig. Im Kindergarten hat sie keine Lust zum Spielen. Sie muss immerzu an ihren Apfelbaum denken.
Als Simon kommt, rennt Pia schnell zu ihm hin.
„Die Ameisen sind weg, aber nun sind Blattläuse da und fressen an ihm herum", erzählt sie.
Meral hat alles mit angehört.
„Blattläuse?", fragt sie. „Da habe ich eine gute Idee. Wir haben uns doch das Bilderbuch von den Marienkäfern angeschaut. Denk doch mal daran. Das Lieblingsessen von

Marienkäfern sind Blattläuse!" Meral schreit so laut, dass noch mehr Kinder dazukommen und Frau Wiese. Alle hören aufmerksam zu.
„Wir könnten doch alle zusammen Marienkäfer sammeln und sie zu deinem Apfelbaum bringen", schlägt Meral vor.
„Das ist wirklich eine gute Idee", sagt Frau Wiese. „Was haltet ihr von einem Spaziergang, heute Morgen? Vielleicht haben wir Glück und finden welche."
Die Kinder sind begeistert. Sie wollen sofort losgehen.
Alle wollen helfen. Pias Baum soll wieder gesund werden.
In einen Schuhkarton sticht Meral winzige Luftlöcher.
Simon nimmt eine Lupe mit.
Meral findet den ersten Marienkäfer, Pia den zweiten.
Und plötzlich entdecken die Kinder an einem Strauch ganz viele. Sogar ganz winzige sind dabei. Simon betrachtet sie mit der Lupe.
„Ob es Babys sind?", fragt er und zählt die Punkte.
„Die Punkte haben nichts mit dem Alter der Marienkäfer zu tun", erklärt Meral, „man erkennt daran nur die Sorte."
Die Kinder können die Marienkäfer bald nicht mehr zählen, so viele sind es. Außerdem krabbeln sie alle durcheinander. Einige wollen immer wieder wegfliegen.
Als die Kinder bei Pias Apfelbaum ankommen, lässt Pia zuerst einen Käfer heraus.
Danach wollen alle Kinder drankommen. Sie stellen sich hintereinander auf, damit keiner mogeln kann.
„Ob sich die Marienkäfer jetzt freuen?", fragt Simon.
„Hoffentlich", sagt Pia.
Die Kinder schauen durch ein Vergrößerungsglas. Aber sie können nicht erkennen, ob die Marienkäfer die Blattläuse auffressen.
„So schnell schaffen sie es nicht", sagt Meral.
Jeden Tag erkundigen sich die Kinder nach Pias Apfelbaum.

„Einige Marienkäfer sind noch da. Aber Blattläuse auch", sagt Pia.

Großvater ist begeistert von der Idee der Kinder.

„Warte noch ein paar Tage, dann werden die Blattläuse weg sein", sagt er. „Wir werden ihm aber vorsichtshalber auch noch etwas Medizin geben."

Großvater pflückt Brennnesseln und wirft sie in einen Eimer.

„Darauf gießen wir warmes Wasser und rühren um. Das lassen wir dann ein paar Tage stehen. Es stinkt fürchterlich, aber es ist eine gute Medizin für deinen Baum", erklärt er.

Wasser und Medizin bekommt Pias Apfelbaum nun jeden Tag.

Nach ungefähr zwei Wochen sagt Großvater: „Jetzt hat er es geschafft."

Die Blätter werden wieder grün und glatt. Einige Marienkäfer liegen faul darauf in der Sonne.

Pia ist glücklich.

„Nun kannst du weiterwachsen", sagt sie. „Du kannst mich auch ruhig überholen."

Im Kindergarten erzählt Pia, dass ihr Baum wieder gesund ist. „Und wenn er Äpfel bekommen hat und sie reif sind, dann bringe ich sie mit in den Kindergarten. Die teilen wir dann", sagt sie.

Weißt du, wie der Regen schmeckt?

„So ein Mistwetter!", schimpft Jannes Mama.
Sie vergisst Janne und Papa einen Abschiedskuss zu geben und rennt zu ihrem Auto. Mit quietschenden Reifen fährt sie davon. Janne steht am Fenster und winkt. Aber Mama sieht es gar nicht.
„Jetzt könnte der Regen wirklich aufhören", sagt Papa und macht das Fenster zu. „Seit fünf Tagen regnet es schon!"
Papa und Janne frühstücken zu Ende.
Alle haben schlechte Laune, weil es regnet, denkt Janne.
Der Briefträger schimpft, der Eiermann erzählt keine Witze und die Zeitungsfrau bringt nur noch die Zeitung und stopft sie in den Briefkasten, sonst klingelt sie manchmal und erzählt Neuigkeiten von den Nachbarn.
Janne mag den Regen. Sogar sehr. Sie ärgert sich nur, weil sie nicht draußen spielen darf.
Jan, ihr Freund, darf auch nicht draußen spielen, wenn es regnet. Dabei hätte es so viel Spaß gemacht, gerade weil es regnet!
Die schönste Moddermatsche könnten wir machen und so viele Sachen spielen, die nur im Regen gehen, denkt Janne.
Du wirst nass, du kriegst nasse Füße und Schnupfen, sagt Mama immer. Dabei stimmt das gar nicht.
Ich werde nur nass, wenn ich nass werden will, denkt Janne. Mein Kinderschirm ist auch viel zu klein für mich. Wenn Mama mir ihren neuen großen geben würde...
Nasse Füße bekomme ich nur, weil meine Stiefel zu kurz sind. Und wo der Schnupfen herkommt, das weiß nicht mal Dr. Beierlein, der Kinderarzt.

„Ich bringe dich heute mit dem Auto zum Kindergarten", sagt Papa und faltet die Zeitung zusammen.

„Och, bitte, Papa, lass mich doch laufen. Ich pass auch gut auf", bettelt Janne.
„Na gut", sagt Papa und sieht auf seine Uhr, „ich bin auch schon sehr spät dran."

Janne springt die beiden Stufen vor der Haustür hinunter und ruft: „Juhuu! Es regnet!"
Dabei regnet es in ihr Gesicht und der Regen prickelt auf der Nase. Janne läuft zum Nachbarhaus und klingelt bei Jan. Jans Mama macht die Haustür auf und sagt: „So ein Schei…-wetter!"
Das ist ein Wort, das Janne und Jan nicht sagen dürfen.
Jan schiebt sich an seiner Mama vorbei. Er sieht genauso aus wie Janne: hellblauer Regenmantel mit roten Streifen, hellblaue Gummistiefel.
„Hallo, Kollege", sagt Janne und lacht.
Sie gehen los und Janne fragt: „Jan, weißt du, wie der Regen schmeckt?"

Sie streckt ihre Zunge weit heraus und versucht einen Regentropfen aufzufangen.
Jan macht es ihr nach und sagt: „Jetzt weiß ich es."
Sie lachen und hüpfen von Steinplatte zu Steinplatte, ohne auf die Striche zu treten.
Bei jeder Pfütze überlegen sie sich etwas anderes. Mal springen sie drüber, mal hinein, mal mit einem Fuß, mal mit beiden Füßen, sogar rückwärts.
„Könnt ihr nicht aufpassen?", schimpft ein Mann.
Janne sieht die Dreckspritzer an seinem Mantel und sagt schnell: „Tschuldigung!"
„Komm, einmal springen wir noch", sagt Jan.
Er gibt Janne beide Hände und zieht sie in die Pfütze hinein.
„Pass auf! Wir trampeln abwechselnd."
Ganz langsam treten sie von einem Fuß auf den anderen, dann immer schneller und dann so schnell sie können.
„So spritzt es am höchsten", sagt Jan.
Doch plötzlich stehen neben der Pfütze zwei Schuhe, schwarze, glänzende mit einer Frau dran.
Die Frau schaut Jan und Janne wütend und sehr böse an.
Dann geht sie weiter.
„Hast du das gemerkt?", fragt Janne. „Sie hat gar nichts gesagt und hat trotzdem mit uns geschimpft!"
Jan nickt.
„Komm, wir müssen uns beeilen", sagt er.
Der Regen wird etwas schwächer, die Sonne kommt ein bisschen hinter den Wolken hervor.
Jan und Janne rennen weiter und dann sehen sie auch schon die Kirche. Dahinter ist der Kindergarten.
An der Kirche bleibt Janne plötzlich stehen.
„Guck mal", sagt sie.
„Sieht das schön aus!", staunt Jan.
Auf dem Platz zwischen Bürgersteig und Kirchenmauer hat

sich ein kleiner See gebildet. Ein Sonnenstrahl fällt genau darauf und blitzt.

Jan und Janne gehen vorsichtig näher heran.

Der kleine See leuchtet in wunderschönen Farben, blau, gelb, rot und lila.

„Es sieht aus, als wäre ein Regenbogen drin", sagt Jan.

„Wo kommen die Farben her?", fragt Janne.

Als sie beide zum Kirchenfenster hinaufsehen, wissen sie es. Der Sonnenstrahl fällt gegen das bunte Kirchenfenster und nimmt die Farben mit in den See.

Jan und Janne schauen immer tiefer in den See hinein.

„Da sind wir!", ruft Janne und winkt.

„Ja, da sind wir", sagt Jan und winkt auch.

„Die Kirche ist auch drin und Bäume und..."

„Ein Hund", sagt Jan.

„Und eine Frau."

„Ich sehe ein Schulkind mit seinem Tornister", sagt Janne.

„Es sieht verzaubert aus."

Der Regen wird wieder etwas stärker. Der Wind bläst die Regentropfen wie kleine silberne Pfeile herunter. Ziemlich schnell hintereinander fallen sie in den See hinein und schwimmen umher. Ringe und Blasen, große und kleine. Sie kommen und gehen.

Janne kneift die Augen ein wenig zusammen. Da tanzen die Ringe, die Bäume und Jan und Janne.

„Komm jetzt", sagt Jan.

Janne schaut auf, aber sie sieht nur Jan. Sie sieht keinen Hund, kein Schulkind und die Bäume sehen anders aus als die im See.

Janne wundert sich.

Auf dem Weg in ihre Kindergartengruppe sagt sie zu Jan: „Der verzauberte See bleibt unser Geheimnis, ja?"

„Gut!", sagt Jan.

Der neue Schlitten

Im November hatte Simon Geburtstag und war fünf Jahre alt geworden. Sein Opa schenkte ihm einen Schlitten, der war so groß, dass zwei, vielleicht sogar drei Kinder darauf Platz hatten. Simon war glücklich. Solch einen Schlitten hatte er sich schon lange gewünscht. Er wollte so gerne mit seinen Freunden im Stadtpark den Berg runterrodeln.
„Hoffentlich schneit es bald", sagte Simon.
Er zog seinen Schneeanzug an, Handschuhe, Schal und Mütze.
„Es ist heute nicht kalt. Du musst dich nicht so warm anziehen", sagte Mama.
Aber Simon lief schon nach draußen.
„Mama, bitte hol mir den Schlitten aus der Garage", rief er.
Simon setzte sich kerzengerade auf den Schlitten und hielt sich so fest, als würde er schon mit großem Tempo den Berg runterrodeln. Immer wieder sah er zum Himmel. Graue dicke Wolken waren dort. Aber keine einzige Schneeflocke war zu sehen.
„Schneeflöckchen, Weißröckchen, wann kommst du geschneit", sang Simon.
Das Lied hatte er im Kindergarten gelernt. Dabei streckte er seine Arme weit aus und öffnete seine Hände, als wollte er die Schneeflöckchen auffangen.
Nach einer Weile lief er ins Haus.
„Mama, es schneit immer noch nicht!", sagte er traurig.
Aus dem Kinderzimmer holte er seinen bunten glitzernden Zauberstab. Schnell lief er zurück und stellte sich auf den Schlitten. Mit tiefer Stimme sagte er alle Zaubersprüche auf, die er kannte. Auch einen neuen. Mit dem Zauberstab malte er dabei große und kleine Kreise in die Luft. Aber es schneite nicht.

Ich versuch es noch einmal, dachte Simon und kniff beide Augen feste zu. Er schwang den Zauberstab hin und her und schaukelte dazu mit dem Oberkörper. Fast wäre er vom Schlitten heruntergefallen. Vorsichtig öffnete er zuerst das eine Auge, dann das andere.
Nichts! Kein Schnee war zu sehen. Es schneite einfach nicht.
Simon war sehr enttäuscht, als er abends in seinem Bett lag.
„Mama, hast du den Wetterbericht im Fernsehen gesehen?", fragte er.
„Ja", antwortete Mama, „aber von Schnee haben sie leider nichts gesagt."
Was soll ich mit meinem Schlitten, ohne Schnee, dachte Simon.
In dieser Nacht hatte er einen wundervollen Traum.

Es hatte geschneit. Simon stapfte durch tiefen Schnee. Er warf Schneebälle hinter Mama her und baute mit ihr einen Schneemann, der größer war als Opa. Simon ließ sich in den Schnee fallen und machte einen Purzelbaum.
„Hallo, Simon!" Opa kam mit Simons Schlitten angerodelt, winkte und lachte.
Und wieder hörte Simon, wie jemand rief: „Hallo, Simon! Aufwachen, mein Schatz!"
Das war Mama, die Simon an der Nase kitzelte. Erstaunt sah Simon Mama an.
„Ich hab so schön geträumt", sagte er. Dann kroch er tiefer unter seine warme Decke.
„Was hast du denn geträumt?", wollte Mama wissen.
„Es hat geschneit. Wir haben einen Schneemann gebaut. Und Opa hat mich mit dem Schlitten abgeholt."
Mama lachte.
„Komm unter deiner warmen Decke hervor", sagte sie. „Heraus mit dir." Mama packte ihn und drückte ihn fest an sich.
„Draußen wartet eine eiskalte, schneeweiße Überraschung auf dich."
Simon sprang aus dem Bett. Er konnte es nicht glauben: Es schneite wie in seinem Traum. Schon die ganze Nacht hatte es geschneit. Die Straße, die Wiese, der Parkplatz, alles lag voller Schnee. Sogar die Autos sahen wie merkwürdige Schnee-Monster aus.
So schnell wie an diesem Morgen und ohne zu meckern hatte sich Simon noch nie angezogen.
„Opa ist schon unterwegs zu uns. Er will mit dir im Stadtpark rodeln", sagte Mama.
„Juchhu, juchhuh!"
Simons Freude war riesengroß.
Ob Zaubersprüche manchmal sehr langsam wirken?, überlegte Simon, während er auf Opa wartete.

Der große und der kleine Clown

„Ich möchte so gerne ein Clown sein", sagt Pascal.
„Oh ja, ich auch", antwortet Papa. „Weißt du, wo die Karnevalsachen sind?"
„In Mamas Kleiderschrank, das weiß ich genau", sagt Pascal.
Papa findet die Sachen, sogar Schminke ist dabei. Zuerst malt Papa eine kleine Nase rot an, dann eine große, dann malt er vier Clown-Augen.
„Nun fehlt nur noch der Mund", sagt Pascal.
Papa schminkt weiter.
Pascal lacht in den Spiegel.
„Ich bin ein Clown! Und du auch. Und wir sehen beide gleich aus!"
Da gibt der große Clown dem kleinen Clown einen vorsichtigen Nasenstüber.
Als Mama nach Hause kommt, staunt sie sehr. Unter dem Esstisch sitzen zwei Clowns.
„Hallo! Wo seid ihr denn hergekommen?", sagt sie. Aber die beiden antworten nicht.
„Hat's euch die Sprache verschlagen?"
Der große Clown zeigt auf seinen Mund, der kleine ebenfalls.
„Lasst mal sehen", sagt Mama.
Die beiden reißen ihren Mund auf, ganz weit.
Mama guckt hinein. Zuerst in den kleinen, dann in den großen.
„Tatsächlich! Es sind keine Wörter drin, nur Zähne und Mandeln", sagt sie.
Die Clowns stimmen ein Heulkonzert an.
„Aufhören! Aufhören!", schreit Mama. „Habt ihr vielleicht Hunger?"
Da lachen der große und der kleine Clown. Sie kriechen

unter dem Tisch hervor und wühlen in Mamas Einkaufskorb. Der kleine Clown entdeckt die Brötchen, der große die Wurst.
Die beiden futtern und kauen und schmatzen und lachen und – rülpsen.
Aber das hat Mama nicht gehört.
„Ich bin satt", sagt der große Clown.
„Ich bin satt und mag kein Blatt", sagt der kleine Clown.
Der große Clown springt auf und stellt das Radio an. Musik spielt und die Clowns tanzen.
Doch plötzlich fällt der große Clown auf den Bauch. Platsch!
Der kleine Clown lässt sich auf ihn fallen. Platsch!
Sie stehen wieder auf und tanzen um Mama herum. Mama bekommt ein paar dicke Clown-Schmatzer. Danach sieht sie ganz verschmiert aus.
„Nein, nein, hört sofort auf", schreit sie und will weglaufen. Aber der kleine Clown hält sie fest.
„Ich möchte so gerne auch ein Clown sein", sagt Mama.
Da holt der große Clown die Schminke und das Kostüm und so wird auch aus Mama ein Clown, der genauso aussieht wie der große und der kleine Clown. Sie tanzen zu dritt durch die Wohnung und rückwärts aus dem Haus bis zum Marktplatz. Weil heute Karneval ist, treffen sich dort die Hexen, die Zauberer und Prinzessinnen, die Löwen und Tiger und viele andere.
Und natürlich alle Clowns.

Maus und Marienkäfer

Morgen ist Karneval. Die Kinder haben Masken gebastelt und Karnevalslieder gelernt. Heute haben sich einige Mütter und Kinder im Kindergarten verabredet. Sie wollen den Gruppenraum schmücken, „Zaubersuppe" und grünen Wackelpudding kochen. Aber die Mütter trinken Kaffee und reden und reden. Das finden Alicia und Sarah langweilig.
„Sollen wir uns verkleiden?", fragt Alicia.
„Au ja!", freut sich Sarah.
Sie kramen Tücher und Masken, Gürtel, Perücken und Schminke aus der Verkleidungskiste.
„Ich bin eine Maus", sagt Alicia.
„Ich will ein Marienkäfer sein", sagt Sarah.
Alicia hängt sich einen grauen Umhang um und zieht die Mausmaske vor die Augen.
„Malst du mir eine Mäusenase und einen Mäusemund?", fragt sie.
Sarah malt.

„Du siehst lustig aus", sagt sie, als sie fertig ist.
„Und gefährlich?", fragt Alicia.
„Ja, und wie! Da traut sich keine Katze in deine Nähe."
Sarah zieht das Marienkäferkostüm an.
„Malst du mich auch an?", fragt sie Alicia.
Alicia malt Sarah eine rote Nase und viele schwarze Punkte ins Gesicht. Im Waschraum klettern beide auf den Klodeckel und gucken in den Spiegel über dem Waschbecken.
Da müssen sie lachen.
„Warum willst du denn eine Maus sein?", fragt Sarah.
„Weil sie sich so gut verstecken kann. Und weil sie so ein weiches Fell hat, das kann man so schön streicheln."
Alicia streichelt Sarah.
„Und warum willst du ein Marienkäfer sein?"
„Weil ich dann fliegen kann. Und weil du mich auf dem Rücken tragen kannst, wenn ich müde bin."
„Das probieren wir gleich mal aus. Komm, Marienkäfer, wir machen eine Wanderung."
Auf ihrer Wanderung durch den Gruppenraum treffen die Maus und der Marienkäfer viele Kuscheltiere. Sie spielen den ganzen Nachmittag miteinander.
Es ist schon dunkel, als sie sich eine Deckenbude bauen. Die kleine Maus versteckt sich darin. Der Marienkäfer kuschelt sich dazu.
„Du hast ja einen Punkt verloren", sagt die Maus.
„Wie viele habe ich jetzt noch?"
„Sieben", zählt die Maus.
„Die reichen", sagt der Marienkäfer.
Als Sarahs Mama nach Hause gehen will, sucht sie überall nach Sarah. Schließlich guckt sie in die Deckenbude. Keine Sarah ist dort. Und keine Alicia. Aber eine Maus. Und ein Marienkäfer. Und beide schlafen tief und fest.

Weil du nicht dazugehörst

Nadine malt eine leuchtend bunte Kerze und einen Blumenstrauß.
„Das Bild ist für Sebastian", sagt sie.
Jeder in der Gruppe weiß, dass Sebastian ihr kleiner Bruder ist. Seit er auf der Welt ist, und das sind schon drei Monate, erzählt sie jeden Tag von ihm. Manchmal darf sie ihm ganz alleine die Flasche geben und beim Baden helfen.
Tim findet kleine Brüder doof und ist froh, dass er keine hat.
„Am Sonntag schenke ich Sebastian das Bild", erzählt Nadine weiter. „Er wird getauft und dann ist bei uns ein schönes Fest."
„Ich wurde auch getauft, als ich ein Baby war", berichtet Tim.
„Ich auch", sagt Nadine. „Meine Patentante und meine Oma kommen am Sonntag zu Besuch. Und der Bruder von meiner Mama; er wird der Patenonkel von Sebastian."
„Lädst du mich auch ein?", fragt Simon.
„Dich? Zur Taufe von Sebastian? Nein, das geht nicht. Es ist doch keine Geburtstagsfeier. Und außerdem gehörst du nicht dazu. Du bist ja nicht getauft, hat meine Schwester gesagt."
„Wozu soll Taufen denn gut sein?", fragt Simon.
„Dann hast du Paten und die schenken dir zu Weihnachten und zum Geburtstag etwas Besonderes", erklärt Tim.
„Außerdem passt der liebe Gott nicht auf dich auf, wenn du nicht getauft bist", sagt Nadine.
Simon schaut sie mit großen Augen an: „Das stimmt nicht."
„Doch das stimmt, ich weiß es genau", behauptet Nadine nun und sieht Simon ernst an.
Simon erschrickt. Wenn das wirklich wahr ist, dann ist alles umsonst. Dann nützt es ja gar nichts, wenn er betet: Lieber Gott, beschütze mich. Und was macht er, wenn er Angst hat? Wenn die schlimmen Träume wiederkommen?

„Sag ehrlich, du schwindelst?", versucht es Simon noch einmal.
„Nein", sagt Nadine. „Auf dich passt der liebe Gott nicht auf."
Gemein findet Simon das. Was kann er denn dafür? Die Eltern bestimmen doch, ob ihr Kind getauft wird oder nicht. Paten braucht er nicht; er hat ja Opa.
Vielleicht hat Nadine doch nicht Recht, denkt er.
Aber alle Kinder, die er fragt, sind getauft.
Katrin behauptet sogar, die Eltern würden bei der Taufe zum lieben Gott sagen, dass sie sich sehr freuen, dass ihr Kind lebt.
Ein paar Tage später kommt der Pfarrer in den Kindergarten. Simon geht schnurstracks auf ihn zu und fragt wegen der Taufe.
„Gott passt auch auf dich auf, Simon, egal, ob du getauft bist oder nicht", antwortet der Pfarrer.
Ein bisschen zweifelt Simon noch, aber der Pfarrer muss es doch wissen.
„Wenn der liebe Gott trotzdem auf mich aufpasst, wozu ist dann die Taufe da?", will er wissen.
„Die Taufe ist ein Zeichen dafür, dass die Kirche dich in ihre Gemeinschaft aufgenommen hat und dass du dazugehörst", erklärt der Pfarrer.
„Kannst du meine Eltern nicht überreden?", fragt Simon.
„Überreden nicht, aber ich kann mit ihnen reden", verspricht der Pfarrer.

Einige Wochen später, kurz vor der Einschulung, wird Simon getauft. Simons Eltern, seine Patin, die Kindergartengruppe und Frau Wiese sind dabei.
Simon ist furchtbar aufgeregt, aber er zappelt nicht wie sonst herum, sondern sitzt ganz still und wartet. Er sieht sich in der Kirche um. Ein bisschen friert er.

Ob Gott in der Kirche ist? – Hoffentlich sieht er mich. Sonst merkt er vielleicht gar nicht, dass ich getauft werde.
Als der Pfarrer sagt: „Simon, ich taufe dich im Namen des Vaters und des Sohnes und des Heiligen Geistes. Amen", und: „Gott beschütze dich", da atmet Simon erleichtert auf. Gott sei Dank, denkt er unwillkürlich.
Die Kindergartenkinder singen ein Tauflied, das sie extra eingeübt haben. In der Kirche klingt es viel feierlicher und schöner als im Gruppenraum.
„Meine Taufe war viel besser als eine Babytaufe", sagt Simon zu Frau Wiese. „Nun bin ich froh, dass ich getauft bin. Es ist doch so viel sicherer, dass der liebe Gott auf mich aufpasst."
Jedes Kind schenkt Simon eine Blume, sodass es ein dicker Strauß wird. Nadine hat für ihn sogar ein Bild gemalt – mit einer Kerze und einem Blumenstrauß. „Weil du jetzt dazugehörst", hat sie gesagt.
Simons Patin heißt Heike und geht noch zur Schule. Sie wird ihm kein Fahrrad oder etwas anderes Großes schenken können, denn sie verdient kein Geld.
„Aber helfen werde ich dir, Simon, wenn du mich brauchst", verspricht sie.
Und das ist viel mehr wert.

Können Hasen malen?

Tagelang hatten die Kindergartenkinder Osterkörbchen gebastelt. Sie hatten Kästchen gefaltet, geklebt und mit vielen Mustern, Blumen und Herzchen verziert. Die Henkel wurden mit dem Tacker befestigt, so hielten sie gut. Nun standen die Körbchen auf der Fensterbank im Gruppenraum und sahen sehr schön aus. Sabine brachte Heu vom Bauernhof mit, damit wurden sie noch ausgepolstert.

„Jetzt kann sie der Osterhase holen. Er kann Eier reinlegen und sie verstecken", sagte Sabine.

„Hoffentlich finde ich mein Körbchen auch wieder", meinte Anne. „Ich will es doch meiner Oma zeigen."

„Mein Körbchen ist am schönsten", stellte Laura fest.

„Ich finde meins besser", antwortete Anne.

Und während sie noch ihre Körbchen betrachteten, stellte sich Philip dazu.

„Den Osterhasen gibt es überhaupt nicht!", behauptete er.

„Den gibt es wohl!", antwortete Laura. Sie war empört.

„Hast du ihn schon mal gesehen?", fragte Philip.

Weil Laura nicht antwortete, sagte Sabine: „Ich habe schon einmal Spuren von ihm gesehen."

„Wer weiß, was das für Spuren waren", warf Philip ein. „Aber ich habe eine Idee. Ich werde heute mal mit meinem Bruder zusammen im Internet nach ihm suchen."

„Der Osterhase ist nicht im Internet, sondern im Wald", erwiderte Laura.

Philip sah Laura an und sagte: „Davon verstehst du nichts! Und sag mal, kann ein Hase Eier anmalen?"

Da mischte sich Anne ein.

„Jetzt habe ich eine gute Idee. Wir könnten es testen. Ich bringe morgen mein Kaninchen mit."

„Und ich Eier", sagte Sabine schnell.

„Und Farben haben wir im Kindergarten", meinte Laura.
Alle waren einverstanden und sehr gespannt.
Am nächsten Morgen brachte Anne tatsächlich ihr Kaninchen mit. Annes Mutter trug den Käfig und stellte ihn im Gruppenraum ab. Die Kinder bewunderten Annes schwarzweißes Häschen.
„Ist das süß!", sagte Laura.
Anne erzählte den Kindern, dass es Flöckchen hieß und am liebsten Salatblätter fraß.
„Darf ich es mal streicheln?", fragte Sabine.
Anne nickte und Sabine fühlte, wie weich das Fell war.
Wenn ich doch auch so ein Häschen hätte, dachte Laura.
„Lass es mal raus", sagte Philip.
„Ja, gleich, aber zuerst müssen wir alles vorbereiten", erklärte Anne.
Sie stellte einen Becher mit Wasser auf den Boden. Sabine legte sehr vorsichtig zwei Eier daneben, verschiedene Wasserfarben auf kleinen Tellerchen und einen Pinsel dazu.
Die Kinder setzten sich in den Stuhlkreis und warteten.
Da öffnete Anne den Käfig. Es dauerte eine Weile, bis Flöckchen herauskam. Das Häschen zitterte, sah sich um und schnupperte an den Eiern. Die Kinder lachten. Sie waren gespannt darauf, was Flöckchen jetzt machen würde. Flöckchen hoppelte quer durch den Raum.
„Komm hierher, zu mir", rief Sabine.
„Nimm den Pinsel und die Farben", bettelte Laura.
Philip beobachtete alles sehr genau.
Schließlich kam Flöckchen zu Anne zurück und ließ sich streicheln.
„Hab keine Angst!", sagte Anne. „Wir wollen nur einmal testen, ob du malen kannst."
Flöckchen hoppelte wieder los, kippte den Wasserbecher um und leckte etwas Wasser. Die Kinder lachten ziemlich laut.

Vor Schreck lief das Häschen durch die Wasserfarbe und hinterließ lila Spuren. Dann kroch es unter einen Schrank und wollte nicht mehr herauskommen. Anne lockte es mit Farbstiften.
„Vielleicht malt es nicht gerne mit Wasserfarben", sagte sie.
Mit großer Mühe gelang es Anne, ihr Flöckchen wieder unter dem Schrank hervorzuziehen. Sie nahm es liebevoll auf den Schoß.
„Ich wusste, dass Hasen nicht malen können!", sagte Philip.
„Ist ja klar", erklärte Laura, „Annes Flöckchen ist eben nicht der Osterhase."
Einige Tage später waren die Osterkörbchen verschwunden. Die Kinder wunderten sich und suchten zunächst im Gruppenraum danach. Aber sie fanden sie nicht.
Aber auf ihrer Osterwanderung, da entdeckten sie die Körbchen: am Waldrand, im Gras unter den Büschen und hinter den Bäumen. Bunt gefärbte Eier lagen darin, sogar ein paar Schokoladeneier.
„Es gibt doch den Osterhasen", meinte Anne.
„Natürlich gibt es ihn!" Laura war sich ganz sicher. „Der Osterhase ist eben ein bisschen schneller als wir und ziemlich scheu", meinte sie.
Philip sagte gar nichts. Sein Körbchen hielt er in der Hand und sein Mund war mit Schokolade beschmiert.

In der Osternacht

Großvater wohnte ganz in der Nähe von Paula, und Paula besuchte ihn sooft es ging. Manchmal durfte sie auch bei Großvater übernachten. Dann spielten sie „Mensch, ärgere dich nicht" oder „Memory". Paula gewann bei Memory fast immer. Nur wenn sie mogelte, gab sie Großvater eine Chance. Am liebsten aber hockte Paula mit Großvater auf dem Teppich. Dann bauten sie die Sachen auf, die er viele Jahre lang gesammelt hatte. Eine ganze Stadt entstand auf dem Fußboden aus Schachteln, Steinen, Knöpfen und Karten. Großvater erzählte dazu Geschichten, ausgedachte, aber auch Geschichten von früher, als Großmutter noch lebte. In den Osterferien durfte Paula eine ganze Woche bei Großvater bleiben. Sie freute sich sehr, denn in der Osternacht wollte sie mit Großvater in die Kirche gehen.

Paula hatte ihre warme Jacke angezogen, aber sie zitterte trotzdem ein wenig. Es war schon dunkel, als die beiden an der Kirche ankamen. Ein kleines Feuer brannte auf dem Platz. Menschen standen davor und wärmten sich. Einige pusteten ihre Finger warm. Paula drückte sich nah an Großvater. Aus der Kirche erklang Orgelmusik. Als das Portal geöffnet wurde, gingen alle langsam hinein. Im Eingang bekam jeder eine Kerze.
Großvater und Paula setzten sich in die erste Reihe. Die große Kerze am Altar flackerte, sonst war es dunkel im Raum. Der Organist spielte Choräle und alle sangen dazu. Großvater sang sehr laut mit. Zu laut, fand Paula. Aufmerksam hörte sie zu, was der Pfarrer erzählte. Aber sie verstand nicht alles. Da beobachtete sie die Menschen um sich herum.
Der Pfarrer zündete eine Kerze an und gab das Licht Paula.

Sie hielt es Großvater hin. Als Großvaters Kerze brannte, gab er das Licht weiter an eine Frau neben ihm. In der Kirche wurde es nun immer heller. Paula sah Großvater an und dabei entdeckte sie, dass eine Träne durch die tiefe Rille lief, die er an seiner Wange hatte. Großvater zog leise die Nase hoch. Paula rutschte etwas näher an ihn heran und streichelte seine runzelige Hand.
Die Tränen in Großvaters Gesicht liefen immer weiter und es kamen immer neue dazu.
„Großvater", flüsterte Paula. „Denkst du an Großmutter?"
Da nickte Großvater, ohne Paula anzusehen.
„Großvater, aber du hast doch mich", sagte Paula leise.
Liebevoll legte Großvater seinen Arm um Paula, und Paula bemerkte, wie sich das Kerzenlicht in Großvaters Augen spiegelte. Ihr Kopf wurde immer schwerer. Und dann schlief sie ein. Erst durch die kalte Nachtluft wurde sie wieder wach. Großvater hielt sie in den Armen.
„Ich will laufen", sagte Paula.
Auf dem Rückweg gingen sie über den Friedhof zu Großmutters Grab. Sie brachten ihr auch das Osterlicht. Großvater blieb lange stehen und murmelte etwas. Paula konnte nicht verstehen, was er sagte. Sie nahm schnell seine Hand.
„Komm, wir müssen jetzt gehen", drängte sie.
Auf dem Heimweg wurde es schon etwas hell. Die Osternacht verschwand. Einige Vögel fingen an zu zwitschern.
„Hör mal, wie schön sie singen", sagte Großvater.
Paula hatte sich in ihrem Bett kaum zugedeckt, da war sie auch schon eingeschlafen. Durch Lachen und Reden wurde sie geweckt. Mama und Papa waren gekommen. Sie hatten ein köstliches Osterfrühstück vorbereitet. Und draußen im Garten, hinter dem Haus, da schimmerte etwas Buntes unter einem Strauch hervor.
Das war für Paula.

Martinssingen und ein trauriges Lied

Simon geht mit Anja und Maren, seinen großen Schwestern, im Martinszug. Seine erste selbst gebastelte Laterne hält er stolz in der Hand. Anja hat ihm ein Teelicht hineingeklebt. Das gefällt Simon besser als ein Batterielicht. Es ist schon ziemlich dunkel und Simon passt gut auf, dass er seine Schwestern nicht verliert. Es ist ein großes Gedränge und von hinten schubsen einige Kinder.
Eine Kapelle spielt und Simon singt laut mit. Er kennt viele Martinslieder und besonders gut kann er das Lied, das die Martinsgeschichte erzählt. Er findet es nämlich toll, dass Sankt Martin seinen Mantel geteilt hat, damit der Bettler nicht frieren muss.
Ich würde das auch machen, denkt Simon. Aber von meinem Anorak einen Ärmel rausreißen? Dann wäre Mama bestimmt sauer. Aber ich habe zwei Anoraks, da könnte ich einen abgeben.

Als Sankt Martin auf seinem Schimmel an Simon vorbeireitet, zittert Simon ein wenig. Der rote Mantel und die Bischofsmütze erinnern ihn an den Nikolaus.
Der Martinszug zieht durch die Siedlung. Überall stehen Leute am Straßenrand und schauen zu. Die Fenster einiger Häuser sind mit Lichterketten geschmückt. Auf der Wiese, neben dem Schulhof, brennt schon das große Martinsfeuer. Ein starker Wind weht, als wolle er das Feuer und alle Laternen auslöschen. Funken fliegen durch die Luft. Simon ist es unheimlich zu Mute.
Hoffentlich brennt kein Haus ab, denkt er.
Doch der Wind lässt wieder nach, das Feuer knistert, die Kinder singen und zum Schluss bekommen alle einen Weckmann.
„Kommt, wir gehen jetzt", sagt Maren, „sonst sind wir die Letzten."
Sie fasst Simon an der Hand und zieht ihn hinter sich her. Anja, Maren und Simon gehen von Haus zu Haus und singen. Simon darf dieses Jahr das erste Mal mitgehen.
Anja klingelt an den Haustüren und dann stellt sie sich schnell hinter Simon.
„Kleine Kinder bekommen immer die besten Sachen", meint Maren. Und das stimmt auch.
Ihre Tragetaschen werden immer schwerer. Im Haus an der Ecke bekommen die drei besonders viel. Jeder ein Überraschungsei und Kaugummi und Schokolade.
„Danke!", sagen sie und freuen sich.
„Ich habe tolle Sachen", jubelt Simon.
„Ich auch", sagt Anja, als sie weitergehen, doch dann drehen sich alle drei erschrocken um, weil plötzlich eine Frau laut schreit.
„Was wollt ihr denn hier? Haut ab! Habt nicht mal eine Laterne und singen könnt ihr bestimmt auch nicht!"

Die schrille Stimme macht Simon Angst. Schnell fasst er Anjas Hand.
„Das darf ja wohl nicht wahr sein!" Maren rennt zu dem Haus zurück, wo sie gerade gesungen haben.
„Geht dahin, wo ihr hergekommen seid!", schreit die Frau weiter und macht eine Handbewegung, als würde sie ein Tier verscheuchen wollen. „Geht! Ihr habt hier nichts zu suchen!"
Anja und Simon sind hinter Maren hergelaufen, und jetzt sehen sie, was los ist.
Vor dem Haus an der Ecke stehen zwei kleine Jungen mit einer sehr dunklen Hautfarbe und schwarzen, schmuddeligen Haaren.
Sie stehen da – wie erstarrt.
„Warum werden sie angeschrien und bekommen nichts?", fragt Simon.
„Pst, ich erkläre dir das später", sagt Anja.
Maren wühlt hastig in ihrer Tasche herum, findet das Überraschungsei, den Kaugummi, die Schokolade, holt die gleichen Sachen aus Simons und Anjas Tüte heraus und legt sie der Frau vor die Füße.
„Wir wollen Ihre Sachen nicht", sagt Maren bestimmt.
Simon versteht das alles nicht. Das Überraschungsei hätte er so gerne behalten.
„Freche Blagen", schimpft die Frau, grapscht die Sachen, geht ins Haus und knallt die Tür hinter sich zu.
„Kommt!", sagt Maren.
Anja, Simon und die beiden kleinen Kinder laufen hinter Maren her.
„Könnt ihr Deutsch verstehen?", fragt Maren, als sie um die Ecke sind.
Aber die beiden schauen sie verständnislos aus großen Augen an.

„Sie kommen aus einem anderen Land, weit weg von hier", erklärt Maren. „Hier wollen einige Leute nichts mit ihnen zu tun haben, weil sie anders aussehen und anders sind als wir. Sie sind so schmutzig, sagen sie, und vielleicht klauen sie auch."
Eines der beiden Kinder sagt etwas in einer fremden Sprache, etwas, das weder Maren noch Anja noch Simon verstehen können. Es klingt wie ein trauriges Lied und es mischt sich in die Martinsgesänge der anderen Kinder.
„Wir teilen!", bestimmt Maren. Sie zieht ihre Jacke aus und schüttet den Inhalt ihrer Tüte darauf. Simon und Anja legen ihre Sachen dazu.
Die beiden kleinen Jungen schauen mit leuchtenden Augen auf all die Schätze.
Maren sortiert und teilt alles gerecht auf. Bei einer Lakritzschnecke zögert sie einen Moment. Die mag sie nämlich besonders gern. Aber dann wickelt sie die Schnecke auseinander und reißt für jedes Kind ein Stück ab. Die beiden kleinen Jungen können es kaum glauben, dass sie all die süßen Sachen behalten dürfen.
Einer der beiden stopft sich eine Hand voll Plätzchen in den Mund und rennt los, der andere hinter ihm her. Sie drehen sich nicht einmal mehr um.
Die drei Geschwister machen sich auf den Heimweg. Überall begegnen ihnen Laternenkinder – sie singen.

Der Schokoladennikolaus

Mit dicken Farbstiften malten Paul, Nina und Jannik Bilder für den Nikolaus. Sie gaben sich sehr viel Mühe. Ihre Namen schrieben sie in großen Buchstaben darauf. Nina half Jannik dabei, weil er erst drei Jahre alt war.
„Hoffentlich findet uns der Nikolaus in der neuen Wohnung", meinte Nina.
Die Kinder befestigten ihre Bilder am Gartenzaun.
„Jetzt sieht er, dass wir hier wohnen", meinte Paul.
Weil der Nikolaus manchmal Überraschungen in die Stiefel oder Schuhe steckte, putzten die drei ihre Schuhe und Stiefel blitzblank. Paul hätte fast seinen einen Stiefel nicht gefunden. Aber zum Glück wusste Jannik, dass er unter der Treppe im Hundekorb lag.
An dem Abend, bevor der Nikolaus kam, konnten die Kinder kaum einschlafen. Jannik war es unheimlich zu Mute. Er kroch zu Nina ins Bett.
„Aber nur, wenn du dich nicht so dick machst", erklärte sie und rückte ein Stückchen.
Am nächsten Morgen, als es noch dämmrig war, wurde Paul als Erster wach.
Hat da nicht etwas geraschelt, dachte er und lauschte. Paul kletterte auf die Fensterbank und sah in den Garten. Die Schaukel bewegte sich. Paul kniff die Augen zusammen. Auf der Schaukel lag etwas und glitzerte. Aber sosehr er sich auch anstrengte, er konnte nicht erkennen, was es war.
Schnell weckte er Nina und Jannik. Im Schlafanzug schlichen die drei aus dem Haus und holten das rot-gold-silber Glitzernde herein.
„Schokoladennikoläuse! Wie groß die sind", sagte Nina.
„Aber der Nikolaus hat sich vertan", erklärte Paul. „Wir sind drei Kinder und es sind vier Nikoläuse."

„Dann krieg ich zwei, weil ich der Kleinste bin", schlug Jannik vor.
„Oder ich, weil ich der Älteste bin", meinte Paul.
„Vielleicht ist einer für Mama?", überlegte Nina.
„Und Papa? Was bekommt er?", erwiderte Paul.
„Sie können doch teilen", schlug Jannik vor.
„Oder wir teilen den einen, dann haben wir den anderen noch lange", meinte Nina.
Sie wollte gerade das Silberpapier abreißen, da sagte Paul: „Halt! Ich habe noch eine bessere Idee. Wir legen den Nikolaus dem Opa Jendrich vor die Tür. Der ist doch immer so alleine!"
Die Kinder zogen sich schnell an und liefen zum Nachbarhaus hinüber. Paul legte den Nikolaus auf die Zeitung, die im Eingang lag.
„Versteckt euch, ich klingle jetzt", flüsterte er.
Jannik und Nina machten sich hinter der Mülltonne ganz klein. Paul klingelte und flitzte zu den anderen beiden und duckte sich.
Opa Jendrich öffnete die Tür und kam heraus. Er hob den Nikolaus auf und betrachtete ihn.
„Dass zu mir auch der Nikolaus kommt, das hätte ich nicht gedacht", murmelte er.
Die Kinder kicherten.
„Der hat sich gefreut", sagte Jannik.
Sie rannten ins Haus zurück und da entdeckten sie in ihren Stiefeln allerlei Überraschungen. Bauernhoftiere waren auch dabei. Die hatten sie sich so sehr gewünscht.
Aber schon vor dem Frühstück hatten drei Nikoläuse ein ziemlich großes Loch im Bauch und drei Kinder Schokoladengesichter.

Ein Weihnachtsgeschenk für die Eltern

Heute ist Weihnachten, dachte Kathrin, als sie wach wurde. Sie blinzelte und sah sich im Zimmer um. Das Geschenk für Mama und Papa hatte sie gut unter ihrem Schrank versteckt.

Mama gab ihr einen Kuss und sagte: „Tschüss, mein Schatz, das Frühstück steht auf dem Tisch. Papa und ich kommen um zwei Uhr aus dem Geschäft. Wir beeilen uns."

Dann hörte Kathrin, wie Mama rief: „Timo, pass auf Kathrin auf!"

„Immer muss ich auf die Blöde aufpassen", antwortete Timo.

Kathrin war traurig. Sie war traurig, weil Papa und Mama heute arbeiten mussten. Und sie war auch traurig, weil Timo manchmal so gemein zu ihr war.

Kathrin zog sich an. In der Küche saß Timo am Frühstückstisch und schüttete sich einen Riesenberg Cornflakes in seinen Teller.

„Ich will auch welche haben", sagte Kathrin.
„Ja, ja!", antwortete Timo ungeduldig und streckte ihr die Zunge raus.
„Machst du mal die Milchtüte auf?", fragte Kathrin.
„Mach es selbst!", antwortete Timo.
Kathrin suchte die Schere in der Schublade und fand sie nicht.
„Dann nimm ein Messer", sagte Timo. Aber weil er schneller war als Kathrin, nahm er das Brotmesser und schnitt eine Ecke von der Milchtüte weg. Aber dabei rutschte das Messer ab, in Timos Finger.
„Aua! So ein Mist!", schimpfte Timo. „Alles wegen dir!"
Timo hielt seinen Finger nach oben und riss mit der anderen Hand alle Schubladen auf. Er suchte ein Pflaster. Aber nirgends konnte er eins finden. Das Blut lief an seinem Finger herunter und tropfte auf den Fußboden.
„Tut es sehr weh?", fragte Kathrin.
„Natürlich!", brüllte Timo.
Da fiel Kathrin ein, dass sie in ihrem Arztkoffer einen Verband hatte. Schnell holte sie ihn und Timo wickelte ihn um den Finger herum.
Die Cornflakes aß Kathrin ohne Milch. Als Mama später anrief und fragte, ob alles in Ordnung sei, da gab Timo seiner kleinen Schwester ein Zeichen. Kathrin wusste, dass sie von dem blutenden Finger nichts erzählen sollte.
„Es ist alles okay, Mama! Wann kommst du?", fragte sie.
„Erst um zwei Uhr? Das dauert aber noch soo lange."
Inzwischen hatte Timo seine Kopfhörer aufgesetzt und tanzte nach seiner Lieblingsmusik.
„Spielst du mit mir?", fragte Kathrin.
Aber Timo antwortete nicht. Er sah seine Schwester nicht mal an.
Es ist so langweilig, was soll ich bloß machen?, überlegte

Kathrin und ging in ihr Zimmer. Dann holte sie ihr Geschenk unter dem Schrank hervor.
„Timo, guck mal! Ich hab ein ganz tolles Geschenk für Mama und Papa", rief sie.
Timo hörte auf zu tanzen. Er nahm die Kopfhörer ab und starrte seine Schwester an.
„Mensch, Kathrin, das hab ich ganz vergessen. Ich habe nichts für Papa und Mama."
„Mal ein Bild", schlug Kathrin vor.
„Das ist doch Babykram. Und ich kann auch nicht malen", antwortete Timo.
Er sah auf die Uhr.
„Zwölf ist es", stellte er fest. „Die Geschäfte schließen gleich und ich habe auch kein Geld mehr."
Kathrin dachte angestrengt nach.
„Wenn du den Stöpsel aus meinem Sparschwein rauskriegst, dann kommt Geld. Das kannst du nehmen", sagte sie.
Timo konnte ganz leicht den Stöpsel aus dem Sparschwein ziehen. Neben Groschen und Pfennigen kamen auch Markstücke heraus.
„Und was mach ich jetzt? Ich darf doch nicht raus! Ich muss auf dich aufpassen", sagte er dann.
„Ich kann alleine aufpassen", erklärte Kathrin.
„Ja? Aber mach keinen Blödsinn, verstanden?"
Kathrin nickte. Vorsichtshalber hatte sie zwei Finger gekreuzt. Das macht man so, wenn man nicht ganz sicher ist, dachte sie.
„Ich versuche es im Kaugummi-Automaten", sagte Timo.
Vom Fenster aus beobachtete Kathrin, wie Timo die Straße hinunterlief.
Es dauerte nicht lange, da kam er atemlos zurück. Kathrin öffnete die Tür.
„Glück gehabt", sagte Timo. „Guck mal, für Papa ist der

Totenkopf-Schlüsselanhänger und für Mama sind die Ohrringe. Meinst du, das gefällt ihnen?"
„Bestimmt!", sagte Kathrin.
„Hilfst du mir beim Einpacken?", fragte Timo.
Kathrin holte Geschenkpapierreste und Schleifenband aus ihrer Bastelkiste. Sie hielt ihren Finger auf die Schnur, als Timo einen Knoten machen wollte.
„Danke!", sagte Timo. „Du bist Klasse. Du hast mir richtig gut geholfen. Ich nehme dich auch mal wieder auf dem Fahrrad mit."
Kathrin freute sich. Sie war auch ein bisschen stolz.
Manchmal ist Timo richtig nett, dachte sie.
Als Mama und Papa nach Hause kamen, lagen Timos Geschenke neben Kathrins unter dem Schrank.
„Es dauert nicht mehr lange bis zur Bescherung", sagte Papa.
„Der Weihnachtsbaum ist auch schon geschmückt", meinte Mama.
„Ich weiß", antwortete Kathrin. Sie hatte nämlich durch das Schlüsselloch in der Wohnzimmertür gelauert. Aber Weihnachtspäckchen hatte sie nicht gesehen.
Ob die unter dem weißen Tuch versteckt waren, das auf dem Boden vor dem Tannenbaum lag?

Ein Ball für Oma

Ein paar Tage vor Weihnachten hat Oma schon Urlaub. Tim und Lara besuchen sie.
Während sich die Eltern der beiden noch um die letzten Einkäufe kümmern, helfen Lara und Tim Oma beim Weihnachtsstollenbacken.
„Das ist viel Arbeit", findet Tim und wischt sich mit den Mehlhänden durch das Gesicht. Wie ein Bäcker sieht er aus.
Lara probiert den Teig, aber Plätzchenteig schmeckt ihr viel besser.
Oma schiebt den Stollen in den Backofen, die Kinder wischen die Arbeitsplatte sauber und räumen alle Sachen weg, die sie gebraucht haben.
Oma kocht Tee und Tim sagt: „Oma, erzähl doch mal, wie es früher an Weihnachten war."
Drei Becher mit Tee stellt Oma auf den Tisch, zündet die Honigkerze in dem alten Messingleuchter an und beginnt zu erzählen:
„Als ich ungefähr so alt war wie ihr, wohnten wir in einem kleinen Dorf, weit weg von der nächsten Stadt. Nur wenige

Häuser gab es dort und einen kleinen Lebensmittelladen, eine Kirche und eine Schule."

„Gab es keinen Kindergarten?", will Lara wissen.

„Nein, in unserem Dorf gab es keinen. Und die Schule hatte nur ein Klassenzimmer für alle Kinder. Vorne saßen die Kinder aus dem ersten Schuljahr, in der zweiten Reihe die aus dem zweiten, in der dritten die aus dem dritten und so weiter. Manchmal war in einem Schuljahr nur ein Kind."

„Das finde ich nicht schön", sagt Tim. „Dann hatte es doch gar keine Freunde."

„Bei uns im Dorf war es so, dass alle Kinder zusammen spielten. In dem kleinen Laden kauften wir uns manchmal für fünf Pfennig Fruchtbonbons. Die weichten wir dann in einer Tasse mit Wasser auf und machten uns Limonade. Sie schmeckte köstlich. Andere Limo gab es nicht."

„Schmeckt das wirklich?", fragt Lara.

„Ja, du kannst es ja mal ausprobieren. – Vor Weihnachten war das ganze Dorf in großer Aufregung. Alle Kinder und einige Erwachsene übten für das Krippenspiel, das am Heiligen Abend in der Kirche aufgeführt werden sollte."

„Oma, hast du auch mitgespielt?", will Tim wissen.

„Ja, zuerst sollte ich die Ersatz-Maria sein. Das bedeutete, dass ich nur dann die Maria spielen durfte, wenn die andere Maria krank war. Ich wäre gerne die Maria geworden, weil ich nämlich ein klein wenig in den Josef verliebt war."

Tim und Lara kichern.

„Hoffentlich wird sie krank, dachte ich und hatte dabei ein furchtbar schlechtes Gewissen. Wie kann man sich nur wünschen, dass die Mutter des Christkindes krank wird? Doch schließlich durfte ich ein Engel sein und das gefiel mir auch. Meine Mutter, das ist eure Uroma, nähte mir aus einem alten Betttuch ein Engelsgewand, sogar eine goldene Borte hatte sie aufgesteppt. Meine langen Haare wurden nass gefloch-

ten und am nächsten Tag aufgemacht. Da hatte ich das schönste Engelshaar."
„Ich bin im Kindergarten bei unserem Spiel ein Hirte", sagt Tim.
„Und ich ein Stern, und ein Gedicht darf ich aufsagen", erzählt Lara.
„Ich freue mich schon, dass ich zuschauen darf", sagt Oma.
„Unsere Weihnachtsfeier damals war sehr feierlich. Der Chor, Erwachsene und Kinder, sangen, Maria und Josef spielten so schön, dass die Zuschauer sehr gerührt waren. Zum Schluss läuteten zwei Hirten die Glocken. Sie zogen dabei an einem dicken Strick, denn elektrisch ging es nicht. Alle Leute standen auf und sangen: Oh du fröhliche. Und da weinte ein Baby und wir stellten uns vor, dass es das echte Christkind sei, wie in der Heiligen Nacht vor vielen, vielen Jahren.
Anschließend gingen wir nach Hause, der Schnee glitzerte und wir Kinder zitterten vor Kälte, vor Aufregung und Erwartung. Zu Hause band Mutter ihre weiße Schürze um und stellte das Festmahl auf den Tisch: Kartoffelsalat, Kürbis und für jeden ein kleines Stück Fleischwurst.
Den Weihnachtsbaum hatten in dem Jahr Vater und ich aus dem Wald geholt. Es lag hoher Schnee und ich lief hinter Vater her und trat in seine Fußstapfen. Sein Körper schützte mich vor dem eisigen Wind. Ich hatte meine kratzige Mütze aufgezogen, die Mutter mir aus einem alten Pullover gestrickt hatte.
Im Wald war es sehr still. Nur unsere Schritte knirschten im Schnee. Wie sehr wünschte ich mir Rehe zu sehen, aber es lief uns kein einziges über den Weg. – Geschmückt war der Baum mit einer Spitze aus Glas, die blau, rot und grün schimmerte, einem Posaunenengel mit einem Loch in der Wange, einem silbernen Glöckchen, einem weißen Holz-

schaukelpferd und bunten Glaskugeln. Was uns fehlte, waren Kerzen. In dem Jahr konnte man sie nirgends kaufen und elektrische gab es auch nicht. Vater war deshalb extra in die Stadt gefahren.
Ein Weihnachtsbaum ohne Lichter?
Undenkbar!
Mutter ließ sich nicht aus der Ruhe bringen. Sie pulte die alten Stummel vom Jahr davor aus den Kerzenhaltern und machte das Wachs in einem alten Milchtopf auf der Herdplatte weich. Daraus formte sie neue Kerzen und zog einen Docht ein. Ganz sparsam gingen wir mit diesen Kerzen um: Zwei brannten am Heiligen Abend ab und zwei jeweils an den Weihnachtstagen. Nie wieder haben Kerzen für mich so hell geleuchtet wie damals."
„Hast du auch Geschenke bekommen?", fragt Tim.
„Ja, das war so. Mein sehnlichster Wunsch war ein Ball, möglichst grün sollte er aussehen und so groß sein wie eine Kokosnuss.

‚Das wird wohl nichts', hatte Vater gemeint, denn Bälle gab es nirgends.

Traurig dachte ich immer wieder an meinen Ball und ich glaubte nicht, dass ich ihn bekommen würde. Als endlich das Weihnachtsglöckchen klingelte und wir in das Weihnachtszimmer gingen, guckte ich mir die Augen aus, aber von einem Ball war nichts zu sehen. Nur zwei kleine Päckchen lagen unter dem Weihnachtsbaum – eins für meine Schwester, eins für mich.

Vater las aus der Bibel die Weihnachtsgeschichte vor, wir sangen Weihnachtslieder und dann durften wir endlich unsere Päckchen öffnen.

Es war ein Ball drin, ein grüner!

Meine Schwester hatte einen blauen. – Ich küsste meinen, warf ihn in die Luft, fing ihn wieder auf und hielt ihn fest.

Endlich, endlich konnte ich im Dorf mit den anderen Kindern spielen und musste nicht mehr warten, bis ein Kind keine Lust mehr hatte und mir seinen Ball auslieh. Ob meine Schwester sich genauso darüber freute, weiß ich nicht mehr. Ich war glücklich.

Bälle waren das einzige Spielzeug, das wir hatten. Wir erfanden herrliche Spiele damit und spielten stundenlang am Scheunentor vom Bauern Müller.

Lange habe ich auf meinen grünen Ball aufgepasst. Aber irgendwann war er weg."

Tim und Lara schnuppern, der Weihnachtsstollen ist fertig. Oma holt ihn aus dem Backofen. Es klingelt. Die Eltern wollen Lara und Tim abholen.

„Wenn wir unsere Sparschweine schlachten", flüstert Tim so leise, dass es die Erwachsenen nicht hören, „dann können wir Oma zu Weihnachten einen grünen Ball schenken."

„Au ja, das machen wir", flüstert Lara.

Alles was ich mir wünsche

Florian zählt die Wochentage an den Fingern ab. Dienstag – Mittwoch – Donnerstag – Freitag.
„Nur noch vier Tage!", ruft er.
„Ja, Florian, dann ist dein Geburtstag", sagt Mama.
„Und ich werde sechs."
Florian freut sich sehr darauf. Alle Vorschulkinder aus seiner Kindergartengruppe sind schon sechs. Florian ist der Letzte. Wie oft hat er sich darüber geärgert. Manchmal hat er sogar geschwindelt und gesagt, er sei schon sechs.
Bei jedem Streit hat Christian ihm vorgehalten: „Du bist ja noch nicht mal sechs."
Das ist gemein, denkt Florian. Geburtstag ist Geburtstag, daran kann man doch nichts ändern. Auf jeden Fall werde ich noch früh genug sechs und kann mit den anderen zur Schule gehen, Papa hat mir das erklärt.
Schöne, bedruckte Karten legt Mama auf den Küchentisch.
„Das sind die Einladungskarten für deine Geburtstagsfeier."
Florian schaut gar nicht hin.
„Na, sieh doch mal", sagt Mama. „Hier ist alles schon aufgedruckt. Du musst nur noch deinen Namen darunter schreiben."
Das kann Florian schon.
„Nimm die Karten heute mit in den Kindergarten und teile sie dort aus."
„So viele?"
„Ja. Du musst doch alle Kinder einladen, bei denen du auch zur Geburtstagsfeier warst."
„Warum?", fragt Florian.
„Das macht man so", sagt Mama.
„Aber ich mache das nicht! Ich brauch keine Einladungskarten."

„Aber Florian, willst du denn keine Gäste haben?"
„Nein! Der Kai kann kommen, wenn er Lust hat."
„Ausgerechnet der Kai, der dich nicht eingeladen hat?"
„Ja, der Kai ist aber jetzt mein Freund."
„Und ich habe mir so tolle Spiele für deine Party ausgedacht. Heute wollte ich Preise dafür besorgen, damit dein Fest noch viel schöner wird als das von Ina. Alle Kinder waren davon so begeistert. Jedes hatte zum Schluss eine Riesentüte voller Gewinne. Und dann noch die tolle Überraschung mit dem Zauberer."
„Das Fest von Ina war doof! Wir konnten gar nicht mit Inas Sachen spielen. Immer mussten wir das machen, was Inas Mutter wollte. Ich will keine Spiele. Und den Zauberer brauch ich auch nicht."
Zuerst ist Florians Mama ärgerlich. Aber dann fragt sie: „Was willst du denn?"
„Das weiß ich jetzt noch nicht", sagt Florian. „Aber ich wün-

sche mir, dass ich an meinem Geburtstag das machen darf, was ich will."

„Das kann ja lustig werden", sagt Mama. Aber sie lacht wieder.

Abends sprechen sie mit Papa darüber.

„Dann werde ich am besten mal an deinem Geburtstag Urlaub nehmen. Vielleicht brauchst du mich", sagt er.

Da freut sich Florian noch mehr auf diesen Tag.

Am Freitagmorgen, als Florian wach wird, hat er so ein Kribbeln im Bauch.

Er schleicht in das Schlafzimmer seiner Eltern, springt in ihr Bett und schreit: „Aufstehen, ihr Faulpelze!"

Doch da wird er erst einmal gedrückt und bekommt zweimal sechs Geburtstagsküsse.

„Genug! Genug!", ruft er und flüchtet ins Badezimmer.

In die Badewanne schüttet er Badeschaum. Nicht so einen kleinen Klecks, wie Mama das immer macht, nein die ganze Flasche kippt er hinein. Dann dreht er beide Wasserhähne auf.

„Komm", sagt er und zieht Papa aus dem Bett. „Das Badewasser ist fertig. Baden ist viel lustiger als duschen."

Ein Riesenschaumberg quillt aus der Wanne. Florian klettert hinein, Mama und Papa hinterher. Und dann gibt es eine große Schaumschlacht. Mama kann heute nicht darüber schimpfen.

„Ich hole Brötchen", erklärt Florian, als er angezogen ist.

Mama zögert etwas, denn der Bäcker hat seinen Laden auf der anderen Seite der Straße. Noch nie hat Florian diese gefährliche Straße allein überquert. Aber dann gibt Mama Florian den Einkaufskorb und das Geld.

Papa schleicht heimlich hinter Florian her. Als er sieht, dass

die Ampelanlage ausgefallen ist, bekommt er einen großen Schreck. Florian rennt aber nicht wie die Erwachsenen einfach über die Straße. Er läuft bis zur nächsten Fußgängerampel, obgleich das ein Umweg ist.
Da geht Papa beruhigt zurück.
Florian kauft Brötchen und am Kiosk nebenan einen Sticker. So einen, wie Kai hat, mit einer Sechs drauf. Zum Glück reicht das Geld noch, denkt Florian. Und hoffentlich ist Mama deshalb nicht sauer.
Er schafft es, den Sticker am T-Shirt zu befestigen.
Stolz kommt er zu Hause an. Mama und Papa freuen sich, dass alles so gut geklappt hat.
Erst nach dem Frühstück öffnet Florian sein Geburtstagspäckchen. So lange hat er es ausgehalten zu warten. Dabei war er so gespannt, ob er es bekommen würde, das einzige Geschenk, das er sich gewünscht hatte.
Als er die Hängematte auspackt, freut er sich riesig.
„Die hänge ich selber in meinem Zimmer auf", sagt er. „Papa, holst du mir mal eben deine Bohrmaschine aus dem Keller?"
Papa geht wirklich in den Keller. Er holt die Bohrmaschine und gibt sie Florian in die Hand.
„Sie ist schwer", sagt Florian, aber er hält sie fest.
„Darf ich dir ein bisschen helfen?", fragt Papa.
„Na gut", sagt Florian und lacht. Er schaltet die Bohrmaschine ein und hält sie einen Moment alleine fest. Dabei zittert es in seinen Armen und im Bauch. „Bohrlöcher für Dübel zu machen ist ziemlich viel Arbeit", gibt er zu.
Mama hilft auch noch mit und nach einer Weile baumelt schließlich die Hängematte in Florians Zimmer.
Florian springt von seinem Bett aus hinein.
„Juhu, sie hält", ruft er.
Auch Papas Test übersteht sie.
„Komm, Papa, jetzt trinken wir eine Cola", sagt Florian.

„Ausnahmsweise", sagt Mama.
Mittags wünscht sich Florian Spiegeleier. Mama stellt die Pfanne auf die Herdplatte und Florian lässt die Eier, eins nach dem anderen, hineinfallen. Mit einem Löffel angelt er die Schalen wieder heraus.
„So geht es auch", sagt Papa bewundernd.
Nach dem Essen will Florian unbedingt fernsehen. Er schaltet mit der Fernbedienung von einem Programm ins andere, so wie es Papa immer macht. Aber nach einer Weile findet er es langweilig.
„Es ist nichts drin", sagt er und schaltet den Apparat aus.

Am Nachmittag kommt Kai. Er hat das Zelt von seinem großen Bruder mitgebracht.
„Du kannst es ein paar Tage ausleihen. Ich habe ihn überredet", sagt er.
Papa hilft das Zelt im Garten aufzubauen. Florian und Kai

kriechen immer wieder hinein und heraus und dann sagt Florian: „Wir brauchen ein Lagerfeuer."
Florian und Kai schleppen Steine herbei und bauen einen Wall. Dann sammeln sie dürre Zweige von den Büschen und besorgen Zeitungspapier.
„Gibst du mir bitte dein Feuerzeug, Papa?", fragt Florian.
Papa greift in die Hosentasche, holt sein Feuerzeug heraus und gibt es Florian.
„Stark!", sagt Kai. Das würde mein Papa nie tun, denkt er.
Ein bisschen zittert Florian. Er muss zweimal knipsen, bevor das Feuerzeug funktioniert. Aber dann klappt es.
Florian bückt sich vorsichtig und zündet ein Stück Papier an. Es brennt.
Florian, Mama, Papa und Kai beobachten, wie die Flamme sich wie ein hungriges Tier durch Papier und Holz frisst.
Als das Feuer schwächer wird, sagt Mama: „Wir haben noch ein bisschen Grillkohle, die kannst du haben."
„Oh ja!" Florian macht einen Luftsprung. „Bitte, Mama, können wir Stockbrot machen, wie unsere Nachbarn neulich?"
„Na, dann muss ich jetzt wohl das Rezept für den Teig besorgen", sagt Mama.
„Stockbrot? Was ist das denn?", fragt Kai.
„Warte ab, du wirst es sehen", sagt Florian.
Papa findet im Keller zwei geeignete Stöcke. Aber bis der Teig fertig ist, vergeht noch ziemlich viel Zeit. Inzwischen hat die Kohle zu glühen begonnen und leuchtet nun in warmem Rot.
Florian und Kai formen Würste aus dem Brotteig und wickeln sie um das vordere Ende ihrer Stöcke.
„Die Stöcke müsst ihr hier über die Glut halten, damit das Brot backen kann", erklärt Papa.
Mama und Papa lösen die beiden Jungen beim Festhalten ab.

„Das dauert aber lange", stöhnt Florian.
„Jetzt ist es schön braun geworden, jetzt wird es wohl fertig sein", sagt Mama nach einer Weile und schiebt das Brot von Florians Stock herunter. Papa hilft Kai.
Das Brot ist innen noch etwas weich, aber mit Erdbeermarmelade schmeckt es köstlich.
Kai isst drei Brote. Doch dann muss er nach Hause.
„Es wird gleich dunkel", sagt Mama.
Florian möchte noch etwas verbrennen lassen. Mit Papa zusammen wirft er Papier und Laub in die Glut. Es entstehen wieder Flammen und jedes Mal haben sie eine andere Farbe.
Obgleich Florian heute so lange aufbleiben darf, wie er will, wird er plötzlich sehr müde.
„Eigentlich könnte ich heute im Zelt schlafen", sagt er. „Ich hab keine Angst."
Nun ist es wirklich ziemlich dunkel geworden. Und als Mama die Luftmatratze aufblasen will, sagt Florian: „Viel lieber möchte ich aber in meiner Hängematte übernachten."
„Es war mein schönster Geburtstag", sagt er später zu Mama und Papa. Dann schaukelt er in seiner Hängematte hin und her und hin und her und schläft ein.
Am nächsten Tag im Kindergarten sagt er: „Christian, ich bin jetzt sechs!"
„Und was hast du geschenkt bekommen?", fragt Christian.
„Alles, was ich mir gewünscht habe", antwortet Florian.

Ein Luftballon haut ab

Wolfgangs Geburtstagsfeier fängt um drei Uhr an. Peter, Sascha, Tim und Kathrin sind zusammen gekommen. Kathrins Mutter hat sie mit dem Auto gebracht.
„Jetzt fehlt nur noch Theresa", sagt Wolfgang.
„Wir haben so ein schönes Geschenk für dich mitgebracht, pack es doch aus!", sagt Sascha.
Wolfgang holt Mamas Schere aus der Küchenschublade und schneidet das Geschenkband durch. Aus dem Papier zieht er einen Karton.
„Ein Angelspiel, wie du es dir gewünscht hast", sagt Sascha.
„Toll! Das spielen wir gleich", sagt Wolfgang.
Die Kinder rennen auf die Terrasse und Wolfgang zeigt ihnen auf dem Gartentisch das riesengroße kunterbunte Geburtstagskuchenclowngesicht.
„Hoffentlich kommt Theresa bald, dann können wir es aufessen", sagt Wolfgang.
„Ich möchte ein Ohr haben", sagt Kathrin.
„Und ich die rote Nase", sagt Peter.

Da klingelt es. Sofort rennen alle los. Das kann nur Theresa sein.
Als Wolfgang die Tür aufmacht, guckt ihn ein großer Luftballon an. Und hinter dem Luftballon kichert etwas. Natürlich Theresa.
„Happy birthday", sagt sie. „Und das steht auch hier drauf."
„Und Wolfgang steht da drauf", sagt Wolfgang, denn seinen Namen kann er schon lesen.
Der Luftballon hat wunderschöne Glitzerfarben. Bunte Bänder hängen herunter und Arme und Beine und eine Schnur. Die hält Theresa fest.
„Happy birthday", sagt sie noch einmal, wie sie es mit ihrem Papa geübt hat. Dann gibt sie Wolfgang den Luftballon.

Aber dann geht alles ganz schnell. Bevor Wolfgang die Schnur zu fassen kriegt, fliegt der Luftballon einfach weg.
Die Kinder rennen hinter ihm her. Wolfgang springt in die Luft. Aber er kann die Schnur nicht mehr erreichen.
Die Kinder schauen dem Luftballon nach. Lange. Bis sie ihn nicht mehr sehen können.
Aber dann schimpft Peter: „So ein Mist! Der schöne Luftballon!"
Wolfgang ist sehr traurig. Er hätte den Luftballon so gerne gehabt.
„Ich hätte ihn an meinem Bett festgemacht", sagt er. „Dann hätte er nicht abhauen können."
„Ich will gar nicht mehr mitfeiern", sagt Theresa.
„In der Luft hat sich der Luftballon noch einmal umgedreht", sagt Kathrin. „Er hat uns gewinkt, das habe ich genau gesehen. Er sagt bestimmt allen, dass Wolfgang heute Geburtstag hat. Den Vögeln, den Wolken und vielleicht auch dem Mond."

Es ist gelb
und ein Freund hat darauf Platz

In einer Woche hat Jonas Geburtstag. Er wird drei Jahre alt.
„Was wünschst du dir?", fragt Papa.
„Rate mal", sagt Jonas.
„Kann man es essen?"
„Nein!", sagt Jonas.
„Kannst du es in die Hosentasche stecken?"
„Nein!"
„Kommt irgendwo Musik heraus?"
„Nein! Nein!"
„Oder eine Geschichte?"
„Nein, leider nicht!", antwortet Jonas.
„Kann man sich vielleicht damit die Nase putzen?"
„Nein."
„Den Po?"
„Nein." Jonas lacht.
„Welche Farbe hat es denn?"
„Rate weiter."
„Ist es grün wie eine Wiese?"
„Nein."
„Rot wie reife Tomaten?"
„Nein."
„Blau wie der Himmel?"
„Nein."
„Gelb wie eine Zitrone?"
„Ja!"
„Also, der Jonas wünscht sich etwas Gelbes." Papa überlegt.
„Kannst du es anziehen?"
„Nein!"
„Kann man darauf boxen?"
„Ja!"

„Hm. Hat ein Freund darauf Platz?"
„Ja!"
„Ist es hart?"
„Nein!"
„Weich?"
„Ja!"
„Kannst du darauf turnen?"
„Ja!"
„Jetzt weiß ich, was du dir wünschst."

Als Jonas Geburtstag hat, ist er sehr aufgeregt. Auf dem Tisch steht der Geburtstagskuchen mit drei Kerzen. Ein Riesenpaket liegt auf dem Fußboden.
Jonas riecht an dem Paket. Es riecht nach Papier und fühlt sich ein bisschen wie Papier an, aber auch ein bisschen weich.
Vorsichtig reißt Jonas eine kleine Ecke Papier ab. Da schimmert es gelb.
„Ich weiß, was drin ist", sagt Jonas.
„Na, was denn?", fragt Papa.
„Es ist gelb. Es ist weich. Der Benjamin und ich passen drauf. Wir können darauf herumturnen. Und wenn wir müde sind, drauf schlafen oder ein bisschen träumen. Stimmt's?"
„Sieh nach!", sagt Papa.
Jetzt kann es Jonas nicht mehr erwarten. Er reißt das Papier ab.
„Siehst du, Papa, ich habe Recht gehabt. Danke!"
Wie ein dicker Frosch springt Jonas auf seine neue gelbe Turnmatratze.

Vom Größerwerden

„*Das Bett ist zu groß und riecht so komisch*"

Ganz fest drückt Robert seinen kleinen grünen Drachen.
„Plumpaquatsch, gefällt es dir hier in Tante Sabines Bett?"
Plumpaquatsch schüttelt sich.
„Hast du Angst, weil wir zum ersten Mal alleine woanders schlafen?"
Plumpaquatsch schüttelt sich wieder.
Robert streichelt ihn.
„Ist ja gut, ich bin doch bei dir", sagt er.
„Tante Sabine hat die kürzeste Gutenachtgeschichte der Welt erzählt", flüstert Robert. „Und kein Schlaflied gesungen, weil sie kein einziges kennt."
Robert streckt sich in Tante Sabines Bett aus.
Das Bett ist so groß, denkt er. Und es riecht komisch. Kein bisschen nach mir, auch nicht nach Mama. Und nicht nach Papa.
„Plumpaquatsch, ich muss immer an den Flecki denken. Mein allerliebstes Meerschweinchen. Ob es schon schläft? Hast du auch gerade so ein Knistern gehört? Nein? Mama lässt immer die Tür einen Spalt offen. Dann kann ich Mama und Papa reden hören und so gut einschlafen. Ob Tante Sabine im Wohnzimmer sitzt? Ich könnte mal nachsehen. Aber es ist so dunkel hier!"
Robert setzt sich auf und guckt im Zimmer herum. Er erkennt ein Bild an der Wand. Ein großer Kopf ist darauf.
„Der sieht gruselig aus!", sagt Robert.
Er verkriecht sich unter der Decke.
„Plumpaquatsch, hast du das auch gesehen?", flüstert Robert.
Vorsichtig lugt Robert noch mal unter der Decke hervor.
Da sieht er den Kopf wieder.
„Gruselig! Unheimlich!", sagt er.

Robert steigt aus dem Bett.
„Komm, Plumpaquatsch, wir gehen nach Hause!"
Robert rennt ins Wohnzimmer zu Tante Sabine.
„Wir wollen nach Hause", sagt er.
„Nach Hause?", fragt Tante Sabine.
„Ja!"
„Du wolltest doch bei mir schlafen."
„Hab ich doch. Ein bisschen. Lange wollte ich nicht."
„Dann müssen wir wohl deine Mama und deinen Papa anrufen, damit sie dich holen können", sagt Tante Sabine und gibt Robert einen Kuss.
Robert kuschelt sich auf Tante Sabines Schoß. Er merkt gar nicht, wie Papa ihn später zum Auto trägt. Da schläft er nämlich schon.

„Alles muss ich alleine machen"

Nachdem Mittagsschlaf sagt Mama: „Zieh dich an, Mareike."
Aber Mareike will sich nicht anziehen. Sie möchte viel lieber ein Nackedei sein.
„Es ist zu kalt, du musst dich anziehen", erklärt Mama.
„Ich will nicht", sagt Mareike.
„Wenn du fertig bist, kannst du im Garten spielen", sagt Mama.
Mareike holt ihre Kleider.
„Ich finde nur den einen Schuh", sagt sie.
Aber Mama hört nicht zu.
„Meine Strümpfe sind schon wieder falsch rum. Und das T-Shirt hat einen Fleck."
Mareike riecht daran. „Iiih!", sagt sie. „Das ziehe ich nicht an! Ich brauche kein T-Shirt."
Sie nimmt den Pulli. Es ist ihr gelber Lieblingspulli.
„Wo ist der Ärmel? Natürlich wieder weg. Doofer Pulli! Bist gar kein Lieblingspulli mehr!"
Mareike wirft ihn auf den Boden.
„Alles muss ich alleine machen!" Sie schmollt. „Ich will nicht alles alleine machen."
Sie quengelt und legt sich auf den Boden. Dann trampelt sie mit den Füßen. Nun ist der andere Schuh auch noch weg.
„Ich ziehe mich nicht an!"
Nach einer Weile fängt Mareike an zu frieren. Ein ganz klein wenig nur.
„Mama, hilfst du mir?", fragt sie. Mama kommt.
„Wer ärgert denn hier meine Mareike?", fragt sie. „War etwa wieder der Schuhversteckter hier?"
„Ja", sagt Mareike.
„Na warte! Wir finden dich. Und war hier auch ein T-Shirt-Bekleckerer?"

„Ja", sagt Mareike.
„Und der Ärmelreinstecker?"
„Ja, der war auch hier."
„Und der Strümpfeumdreher?"
„Der auch."
„Die jagen wir alle weg, wenn wir sie erwischen. Ach, du Schreck! Der Unterhosennassmacher war auch hier", sagt Mama. „Verschwindet, los! Und lasst euch hier nie wieder sehen."
Mama holt eine saubere Unterhose, ein T-Shirt ohne Fleck und sie findet sogar beide Schuhe. Den Pulli zieht sie Mareike über den Kopf.
„In meinem Pulli ist es immer so dunkel. In deinem auch?", fragt Mareike.
„Ja", sagt Mama.
Strümpfe umdrehen und Ärmel herausholen, das geht bei Mama ganz leicht, denkt Mareike.
Mama zieht Mareike noch den Anorak an und macht den Reißverschluss zu.
„Du schaffst das immer so schnell", sagt Mareike.
Mama nickt.
„Aber ich kann besser Purzelbaum."
„Stimmt!", antwortet Mama. „Meiner wird immer schief."

Mama traut sich nicht

„Ich möchte wieder arbeiten", sagt Mama. „Mein ehemaliger Chef hat angerufen und gefragt, ob ich wieder in die Firma kommen will. Eine Kollegin bekommt ein Baby und kann nicht mehr arbeiten."
Nina schaut ihre Mama an und fragt: „Kannst du so etwas denn?" Sie kann sich nämlich nicht vorstellen, dass ihre Mama etwas anderes ist als ihre Mama.
„Na klar kann ich das!" Mama lacht. „Als du noch nicht auf der Welt warst, habe ich ja auch in meinem Beruf gearbeitet."
„In welchem Beruf?"
„Ich bin Ingenieurin."
„Was musstest du machen?"
Mama erklärt es Nina.

„Dann mach es doch wieder, Mama", meint Nina.
„Das heißt aber, dass du vielleicht auch einmal alleine bleiben musst."
„Kannst du heute schon arbeiten?", fragt Nina.
„Nein, nein, so schnell geht es nicht."
Nina wünscht sich schon lange, einmal ganz alleine in der Wohnung bleiben zu dürfen. Aber Mama traut sich einfach nicht. Das ärgert Nina.
Ich weiß doch, was ich alles nicht machen darf, denkt sie. Vielleicht merkt Mama jetzt, dass ich schon viel mehr kann, als sie immer meint.
„Wir können es so machen, dass ich in die Firma gehe, wenn du im Kindergarten bist. Nur donnerstags, da klappt das nicht. Da müsste ich länger arbeiten und bin mittags nicht zu Hause, wenn der Kindergarten aus ist."
„Dann kann ich doch alleine bleiben", schlägt Nina vor.
„Nein, das möchte ich nicht. Vielleicht finden wir noch eine andere Lösung."
„Mama, dann bleibe ich auch länger im Kindergarten. Dann bin ich donnerstags ein Tageskind wie die anderen, die den ganzen Tag im Kindergarten bleiben. Ich frage Frau Wiese, ob das geht."
Frau Wiese hat nichts dagegen und Nina findet es prima, einmal in der Woche im Kindergarten zu essen.
Mama gefällt die Arbeit in der Firma. Manchmal kommt sie zwar müde nach Hause, aber fast immer fröhlich.

Seit Mama arbeitet, dürfen Papa und Nina viel mehr in der Küche helfen. Papa findet das nicht so gut, aber Nina freut sich darüber. Sie hat dabei gemerkt, dass Papa manches gar nicht kann. Zum Beispiel Kuchen backen.
„Dann musst du es üben", meint Nina, denn das sagt Papa zu ihr auch immer.

„Na gut", knurrt Papa, „dann üben wir beide zusammen."
Er schickt Mama aus der Küche und holt das Kochbuch.
Nina wünscht sich eine Riesentorte mit vielen Schichten und Schokoladencreme dazwischen, doch Papa will unbedingt einen Marmorkuchen backen, obwohl er nie Marmorkuchen isst. Schließlich gibt Nina nach. Papa liest das Rezept vor und Nina holt alle Zutaten. Dass dabei ein Ei auf den Boden fällt, verraten sie Mama nicht.
Der Kuchen gelingt prächtig und Nina ist stolz, denn das meiste hat sie gemacht. Früher durfte Nina immer nur zugucken beim Kuchenbacken und die Schüssel auslecken.
Den Sonntag haben Nina und ihre Eltern nun auch verändert. Manchmal ist „Ninatag", manchmal „Mamatag" oder „Papatag". Die Ninatage findet Nina natürlich am besten, denn dann darf sie sich alles wünschen: ihr Lieblingsessen, Spiele und was ihr so einfällt.
Als Mama einmal donnerstags und freitags länger arbeiten muss, kann Nina endlich alleine in der Wohnung bleiben.
Ich bin ein Stück gewachsen, denkt sie, als sie mittags in den Spiegel schaut.
Nach selbst gemachtem Müsli, das sie mit großem Appetit aufisst, baut sie mit Legos. Den Fernseher schaltet sie nicht ein, auch nicht mal kurz, weil sie es Mama versprochen hat. Heute ist es so still in der Wohnung, findet Nina. Die Küchenuhr tickt so laut.
Komisch, das Ticken hat sie noch nie gehört.
Es klingelt an der Haustür und Nina erschrickt. Sie darf die Tür nicht aufmachen, so ist es mit den Eltern abgesprochen.
Es klingelt schon wieder und Nina bekommt Herzklopfen. Sie öffnet aber nicht. Endlich hört es auf zu klingeln. Nina legt sich auf den Teppich und überlegt, was sie machen kann. Jetzt merkt sie, dass sie Bauchweh hat, ziemlich schlimmes sogar.

Wenn ich jetzt brechen muss? Und Mama ist nicht da? Was mache ich dann? Mama hält doch immer meinen Kopf fest.

Die Bauchschmerzen werden schlimmer und Nina beschließt Mama in der Firma anzurufen. Sie wählt Mamas Büronummer, aber Mamas Chef ist am Apparat und sagt, dass Nina Mama nicht stören kann.

Ich muss mit Mama reden! Mir ist so schlecht, denkt Nina.

Sie wählt noch einmal, und weil Mamas Chef wieder am Telefon ist, meldet sie sich mit verstellter Stimme:

„Hallo, hier spricht Frau Herrmanns (so heißen die Nachbarn). Kann ich bitte Frau Kreuzer sprechen (so heißt Ninas Mama)?"

„Moment bitte, ich verbinde", sagt Mamas Chef.

Genau in dem Moment, als Nina Mamas Stimme hört, sind die Bauchschmerzen wie weggeblasen.

„Hallo, Mama, ich bin's, Nina", flüstert sie, „nicht Frau Herrmanns. Ich wollte nur wissen, wann du kommst."

„In einer halben Stunde, Frau Herrmanns", antwortet Mama.

Zum Glück hat sie mich nicht verraten, denkt Nina, und eine halbe Stunde, die vergeht blitzschnell.

Als Mama nach Hause kommt, verspricht sie Nina, dass sie einmal mit in die Firma gehen darf.

„Dann kannst du dir alles anschauen und außerdem will dich mein Chef kennen lernen."

Und ich ihn, denkt Nina und grinst.

Nur spielen musst du jetzt alleine

„Für dich", sagt der Briefträger und gibt Michael einen Brief.
„Ein Brief für mich, Mama. Mit einer echten Briefmarke drauf!", jubelt Michael.
Mama liest ihm den Brief mehrmals vor, sodass Michael ihn auswendig kann.
Lieber Michael, nun haben wir im Kindergarten einen Platz für dich. Hier kannst du spielen, basteln und malen, und sicher findest du neue Freunde, steht darin.
Michael freut sich. Am liebsten würde er sofort losrennen.
„So schnell geht das nicht", sagt Mama. „Erst müssen wir uns noch beim Kinderarzt bescheinigen lassen, dass du gesund bist. Und Oma will mit dir zusammen einen neuen Rucksack kaufen. Für wichtige Sachen, dein Frühstück zum Beispiel."
Michael sucht sich im Geschäft einen grünen Rucksack aus.
„So grün wie die Wiese. Meine Lieblingsfarbe", sagt er.
„Kannst du mir auf ein kleines Schild ‚Michael' schreiben?", fragt er seine Mama zu Hause. „Die kennen mich doch im Kindergarten noch nicht. Dann mache ich das Schild an meinem T-Shirt fest und dann wissen sie, wie ich heiße."
Mama verspricht es.

An seinem ersten Kindergartentag ist Michael sehr ungeduldig.
„Mama, beeil dich, sonst kommen wir noch zu spät", drängelt er.
Aber Mama fällt immer noch etwas ein, was sie tun muss.
Und dann klingelt auch noch das Telefon. Oma ist dran. Sie will Michael einen schönen ersten Kindergartentag wünschen.

Aber das hat sie doch schon gesagt, denkt Michael.
Endlich gehen sie los. Sie fahren nicht mit dem Auto, weil der Weg nicht sehr weit ist.
Mama nimmt Michael an die Hand und hält ihn ziemlich fest. Aber Michael zieht seine Hand weg.
„Lass mich los", sagt er.
Heute will er alleine gehen.
Mama ist sehr still. Sie sieht sogar ein bisschen traurig aus.
„Bist du traurig, weil ich dir jetzt nicht mehr so viel helfen kann?", fragt Michael.
„Nein, nein", sagt Mama.
„Wenn der Staubsaugerbeutel voll ist, dann warte, bis ich wieder zu Hause bin. Ich mache dir einen neuen in den Staubsauger."
„Danke, das ist lieb", sagt Mama.
„Einkaufen können wir nachmittags zusammen", sagt Michael.
„Mm", sagt Mama nur.
„Nur spielen musst du jetzt alleine", sagt Michael.
Da streicht Mama ihm über den Kopf und lacht.
An der Kindergartentür bekommt Michael ein bisschen Herzklopfen. Ob die hier nett sind?, überlegt er.

Aber da kommt schon Lena angelaufen. Sie wohnt auch in Michaels Siedlung.
„Hallo, Michael!", ruft sie. „Komm, ich zeig dir den Kindergarten."
Michael dreht sich kurz zu Mama um. Sie nickt ihm zu.
„Hier ist das Klo", sagt Lena. „Und hier ist der Waschraum. Da hängen die Handtücher. Du bekommst auch eins. Daneben sind solche Schilder mit Bildern drauf. Dasselbe Bild ist auch an deiner Schublade und an deinem Garderobenhaken. So kannst du immer deine Sachen wiederfinden."
„Sie hätten doch auch Michael daranschreiben können, guck, so."
Er zeigt Lena sein Namensschild.
„Ja, das stimmt. Aber wir haben noch einen Michael in der Gruppe", sagt sie.
Meinen Rucksack lasse ich besser auf dem Rücken, denkt Michael. Den finde ich sonst bestimmt nicht wieder.
Lena geht mit Michael in den Gruppenraum. Mama steht dort und redet mit Frau Wiese.
Michael will sich die Spiele angucken. Er nimmt ein Spiel aus dem Regal. Es sind goldene und silberne Bausteine drin. So ein Spiel hat Michael noch nie gesehen.
„Damit kannst du ein Schloss bauen", sagt Lena.
„Weiß ich", sagt Michael. Er möchte es ganz alleine ausprobieren.
„Tschüss, Michael", sagt Mama und streicht ihm über die Schulter.
„Tschüss, Mama", sagt Michael.
Ein schönes Schloss werde ich jetzt bauen, denkt Michael. Er nimmt ein paar Bausteine aus dem Kasten heraus.
„Tschüss, mein Schatz", sagt Mama.
Michael schaut auf. Wieso ist Mama denn immer noch da?, überlegt er.

Er winkt ihr. Nun will er aber das Schloss bauen. Doch da kommt Mama und gibt ihm einen Kuss.

„Nun geh, Mama", sagt er. „Sonst ist der Kindergarten zu Ende und ich habe noch gar nicht alles gespielt."

Als Michael nun weiterbauen will, nimmt ihm Christiane den Kasten weg. Einfach so, ohne zu fragen.

Michael schaut sich nach Lena um. Aber er sieht sie nirgendwo.

Da geht er zu Christiane hin und sagt: „Gib her! Ich bin stark. Ich hatte den Kasten zuerst."

„Sollen wir zusammen damit bauen?", fragt Christiane.

„Na gut", sagt Michael.

Mit Christiane zusammen frühstückt Michael auch später. Sie zeigt ihm, wo er seinen Rucksack aufhängen kann und wo er ihn ganz bestimmt wiederfindet.

Dann machen alle Kinder mit ihren Stühlen einen Stuhlkreis. Sie singen ein lustiges Lied von einem Elefanten, der in die Disko geht. Michael kennt das Lied von seiner Kassette. Er singt ganz laut mit.

Anschließend macht Frau Wiese ein Fingerspiel mit den Kindern. Michael hält immer den falschen Finger in die Luft, weil es so schnell geht.

Die Kinder stellen ihre Stühle wieder an die Tische und dann gehen alle auf den Spielplatz.

Eine Riesensandkiste gibt es dort und einen großen Rutschberg.

Michael hat den Rutschberg immer beim Spazierengehen gesehen und sich so sehr gewünscht dort einmal zu rutschen. Jetzt kann er das endlich machen. Er klettert immer wieder nach oben und rutscht herunter. Das macht ihm großen Spaß.

Als alle wieder in den Gruppenraum gehen sollen, sagt Michael: „Ich will noch ein bisschen rutschen."

„Das geht leider nicht", sagt Frau Wiese, „wie soll ich denn da auf dich aufpassen?"
Im Gruppenraum setzt sich Michael an den Maltisch. Er will jetzt mit den schönen dicken Wachskreiden malen. Die Farben gefallen ihm. Sogar Lila ist dabei.
Michael malt ein ganzes Blatt voll.
Da schaut Georg zu ihm und lacht.
„Guckt mal, der Kleine, der malt ja nur Krickelkrackel!", ruft er.
Michael kann gar nichts sagen. In seinem Mund ist es ganz trocken. Er ist traurig. Der Georg findet sein Bild doof und lacht ihn auch noch aus. Das ist schlimm.
Dabei habe ich mir so viel Mühe gegeben, denkt er. Im Kindergarten ist es doch nicht so schön, wie ich gedacht habe.
Zum Glück kommt Lena an den Maltisch.
„Du spinnst ja, Georg", sagt sie. „Der Michael hat ein Muster gemalt. Das sieht man ja wohl!"
Michael ist froh, dass Lena ihm geholfen hat.
Alle Kinder, die gemalt haben, müssen den Maltisch aufräumen. Und dann wird auch schon das Abschiedslied gesungen. Als die Tür aufgeht, kommt Michaels Mama zuerst herein.
„Na, wie war es?", fragt sie. „Hast du mich vermisst?"
„Nein", sagt Michael. „Ich hatte keine Zeit an dich zu denken."
„War es denn schön heute?", fragt Mama.
„Und wie! Und morgen gehe ich wieder in den Kindergarten."

Da machen wir nicht mit

In der Barbarastraße stehen Reihenhäuser. In einem Haus davon wohnt Nicole, im nächsten Johanna. Die beiden Mädchen sind nicht nur Nachbarn, sondern auch Freundinnen.
Die Gärten hinter den Häusern sind klein und durch einen Zaun voneinander getrennt. Da es kein Gartentor gibt, klettern Nicole und Johanna über den Zaun, wenn sie sich besuchen wollen.
Seit Johanna zur Schule geht, sehen sich die beiden nicht mehr so oft. Aber am Wochenende, da rennen sie hin und her. Manchmal übernachten sie auch zusammen.
Aber eines Tages sagt Nicoles Mutter: „Ich will nicht mehr, dass du mit Johanna spielst."
Und Johannas Mutter sagt: „Du spielst auf keinen Fall mehr mit Nicole."

„Aber warum denn nicht?", fragen die beiden Freundinnen entsetzt.

Beide bekommen die gleiche Antwort: „Wir haben Krach! Wir wollen mit denen da drüben nichts mehr zu tun haben!"

Johanna und Nicole sind sehr traurig. Sie können das Verbot nicht verstehen. Warum müssen wir denn bei dem Streit der Erwachsenen mitmachen?, denken sie.

Sie fragen ihre Mutter danach, aber sie bekommen keine Antwort. Sie betteln, aber sie dürfen nicht mehr zusammen spielen.

Der Streit der Erwachsenen wird immer heftiger. Entweder beschimpfen sie sich oder sie reden gar nicht miteinander. Nicht einmal „Guten Tag" sagen sie.

„Weißt du eigentlich, warum die beiden Streit haben?", fragt Johanna, als sie Nicole auf dem Weg zum Kindergarten trifft.

„Nein, keine Ahnung. Aber ich finde das blöd!", antwortet Nicole.

„Hoffentlich vertragen sie sich bald wieder", wünscht sich Johanna.

Doch es wird jeden Tag ein bisschen schlimmer.

Nicoles Mama parkt ihr Auto so, dass Johannas Mama kaum noch in ihre Garage fahren kann.

Als der Briefträger ein Paket für Johannas Eltern abgeben will, nimmt es Nicoles Mama nicht an.

„Die können ruhig zur Post gehen und es dort abholen", sagt sie.

Johannas Vater gießt und düngt seine Pflanzen im Garten immer dann mit stinkender Brennnesseljauche, wenn Nicoles Eltern auf der Terrasse Kaffee trinken.

„Die Erwachsenen spinnen", sagt Johanna.

Heimlich treffen sich die beiden Mädchen im Garten. Ganz hinten stehen Büsche auf beiden Seiten, dort kriechen sie

hinein. Da entdeckt Nicole, dass in ihrem Versteck zwei Latten des Gartenzauns kaputt sind.
„Vielleicht können wir die Latten herausbrechen, dann können wir uns richtig besuchen", flüstert sie.
Johanna zerrt so fest sie kann an den Latten, aber sie bewegen sich nicht.
„Sei nicht traurig, Nicole", sagt sie. „Warte mal, ich hole etwas."
Mit ihren schönsten Glanzbildern kommt sie zurück in ihr Versteck.
„Hier, die schenke ich dir", sagt sie.

Abends im Bett hört Nicole leise Klopfzeichen an der Wand. Sie klopft zurück. Dreimal, wie verabredet. Das heißt: Ich denke an dich.
Am nächsten Tag klettert Johanna einfach über den Gartenzaun.
„Ich mache nicht mehr mit", sagt sie zu ihrer Freundin. „Sollen sich doch die Erwachsenen streiten, wenn sie so blöd sind!"
Johanna hat ihr neues, langes Springseil mitgebracht. Sie wickelt es um sich und Nicole herum und macht einen festen Knoten.
„So", sagt sie, „jetzt sind wir verbunden."
„Und zusammengewachsen", sagt Nicole.
Sie hüpfen ein bisschen herum und lachen.
„Bald gehst du auch zur Schule, dann treffen wir uns auf dem Schulhof", sagt Johanna.
„Ich freue mich schon", sagt Nicole.
„Weißt du, Nicole, wenn wir groß sind, dann werden wir einmal bessere Nachbarn!"
„Ja, bestimmt! Ich koche dir Bauchwehtee, wenn du krank bist", sagt Nicole.

„Und ich mache dir die Schuhe zu, wenn du den Arm gebrochen hast" , sagt Johanna.

„Komm, jetzt hüpfen wir bis zu den Erwachsenen und sagen ihnen, dass wir diesen Knoten nicht mehr lösen können, dass sie es machen müssen."

„Oder wir bleiben einfach für immer verbunden", sagt Nicole.

Vom Streiten und Vertragen

Ich werde es euch zeigen

Das große Legoschiff von Anke und Sebastian ist kaputt. Einige Kinder aus der Kindergartengruppe behaupten, dass es Kollja war.
„Aber heute war ich es nicht", sagt Kollja.
„Natürlich warst du es." Sebastian geht auf Kollja zu, der auf dem Boden sitzt. Mit der Faust haut er ihm auf den Kopf. „Du bist es immer!", sagt er.
„Du klaust nicht nur, sondern du machst auch alles kaputt", behauptet Anke.
Kollja zieht den Kopf ein. Er weint nicht, obgleich der Schlag sehr weh getan hat. Aber das, was Anke gesagt hat, ist schlimmer. Das ist nicht wahr, denkt Kollja. Ich habe nicht geklaut. Ich habe mir den Kompass von Sebastian doch nur ausgeliehen. Nur einen Tag wollte ich ihn mit nach Hause nehmen. Ich hätte ihn bestimmt zurückgegeben. Fragen konnte ich Sebastian nicht, er hätte sowieso Nein gesagt.
„Warum hast du denn das Legoschiff kaputt gemacht?", fragt Lydia.

Kollja antwortet nicht. Was soll er auch sagen? Mir glaubt sowieso keiner, denkt er.
Als die anderen Kinder in den Garten gehen, kriecht Kollja in die Deckenbude. Niemand merkt, dass er im Gruppenraum geblieben ist.
Im anderen Kindergarten waren Benjamin und Andreas meine Freunde, denkt Kollja. Aber hier? Keiner spielt mit mir.
Bei dem Kampf in der Sandkiste gestern hat der Michael gewonnen.
„Der Kollja ist eben ein Schlappi!", hat Sebastian gesagt.
So gemein ist der.
Kollja nimmt das Krokodil aus der Kiste, in der die Kasperpuppen sind, und streichelt es.
Plötzlich guckt Lydia in die Deckenbude hinein.
„Ach, du bist da drin!", sagt sie.
Kollja sagt nichts.
Als Lydia das Krokodil sieht, neckt sie Kollja.
„Beiß mich doch! Friss mich doch!", sagt sie. Dabei versucht sie Kollja aus der Deckenbude zu locken.
„Meinst du, dass Krokodile immer nur beißen und Menschen auffressen?", fragt Kollja.
„Na, klar! Was denn sonst?", sagt Lydia.
„Sie können viel mehr. Zum Beispiel ganz gut schwimmen und tauchen. Manche Krokodile können sogar über eine Stunde unter Wasser bleiben", sagt Kollja.
„Ehrlich?", fragt Lydia.
„Ja, das stimmt!"
„Woher weißt du das?"
„Ich habe zu Hause ein tolles Tierbuch, da steht es drin", sagt Kollja.
„Wie groß sind denn die Krokodile?"
„Das ist verschieden. Manche sind so groß wie ein Omnibus

und manche ungefähr so." Kollja zeigt mit den Händen ein kleines Stück.
„Und wie groß sind die Babys, wenn sie aus dem Bauch ihrer Mutter kommen?", fragt Lydia.
„Sie kommen nicht aus dem Bauch der Mutter. Sie wachsen in Eiern."
„Das glaube ich nicht", sagt Lydia.
„Doch bestimmt. Die Eier sehen genauso aus wie Hühnereier", erzählt Kollja.
Da lacht Lydia und dann sagt sie: „Kollja, stell dir mal vor, du hast ein Hühnerei und darin ist ein kleines Krokodil."
Sie lacht wieder und Kollja lacht mit.
„Die Mutter von den kleinen Krokodilen hilft ihren Babys aus den Eiern heraus. In ihrem Maul bringt sie die Kleinen ins Wasser. Ganz vorsichtig. Mit ihren vielen scharfen Zähnen tut sie ihnen kein bisschen weh. Guck mal, so."
Kollja nimmt Lydias Hand und schiebt sie in das Maul des Krokodils.
„Tut das etwa weh?", fragt er.
„Nein!", sagt Lydia. Es ist ja auch nur ein Spielkrokodil, denkt sie. Aber ein bisschen unheimlich ist es ihr doch.
„Das ist ganz schön spannend mit den Krokodilen. Weißt du auch noch etwas über andere Tiere?", fragt sie Kollja.
„Ja, über Dinosaurier."
„Steht das auch in deinem Tierbuch?"
„Ja. Ich kann es ja morgen mal mitbringen."
„Oh ja", sagt Lydia.

Mit viel Lärm kommen die anderen Kinder aus dem Garten zurück und setzen sich in den Stuhlkreis.
„Willst du neben mir sitzen, Kollja?", fragt Lydia.
Kollja nickt, er freut sich.
Die Kinder wollen jetzt Stuhlkreisspiele machen.

Aber da schreit Anke plötzlich: „Sebastian! Guck dir das hier an!"
Alle Kinder schauen zu Anke. Sie hält ein Legoflugzeug in der Hand. Simon hat es gebaut.
„Hier sind die Steine von unserem Schiff. Ich erkenne sie genau. Da ist das Bullauge, das ich draufgemalt habe!"
Sebastian sieht es sich an.
„Stimmt", stellt er fest.
Wütend stellt sich Anke vor Simon: „Sag, hast du unser Schiff kaputt gemacht?"
„Ja. Ich war's. Ich brauchte die Steine", sagt Simon.
„Dann musst du eben mal abwarten!", schreit Anke.
„Wir hatten die Steine zuerst!", sagt Sebastian.
„Du hättest die beiden auch fragen können, vielleicht hätten sie dann andere Steine genommen", sagt Lydia.
Nun wissen es alle, dass es Simon war und nicht ich, denkt Kollja. Aber keiner sagt etwas zu mir. Eigentlich müssten Anke und Sebastian doch jetzt sagen, dass es ihnen Leid tut. Das sage ich ihnen jetzt, denkt er.
Aber was ist das? Es kommt Kollja so vor, als wäre er auf dem Stuhl festgeklebt. Er schafft es nicht aufzustehen.
Vielleicht sagt Sebastian wieder: Sei still, Schlappi!, denkt er. Am besten sag ich es beim nächsten Mal. Dann sag ich ihm, wie gemein er ist. Oder soll ich mich doch heute trauen?
Kollja probiert es noch einmal. Er geht zu Sebastian und Anke.
„Habt ihr nun gemerkt, dass ich es nicht war?", fragt er.
„Diesmal nicht!", sagt Sebastian.
Kollja setzt sich wieder auf seinen Stuhl. Lydia rutscht ein bisschen näher an Kollja heran.
Ich werd euch zeigen, dass ich kein Schlappi bin, denkt er.

Das Zauberwort

Tobi und Ralf stehen voreinander und brüllen sich an. Tobi zieht an dem Griff einer großen, flachen Schippe, Ralf an der anderen Seite.

„Sie gehört uns!", schreit Tobi.

„Du spinnst! Es ist unsere!", brüllt Ralf.

Hinter den beiden stehen ihre Banden. Sie kämpfen im Kindergarten gegeneinander, jeden Tag. Flache Schippen wollen sie erbeuten. Wer die meisten davon hat, ist Sieger.

Die kleinen, roten Schaufeln finden sie langweilig. Die wollen sie nicht. Damit können die Kinder spielen, die nicht in der Bande sind. Mit den flachen aber, da können sie Gewehr spielen und den anderen Angst machen.

Tobis Bande hat schon eine Menge davon. Eine Schippe haben die Kinder in den Teich geworfen, da ist sie zwar in Sicherheit, aber sie können auch nichts damit anfangen. Eine andere hängt ganz oben im Kletterbaum, da traut sich keiner hinauf. Vier oder fünf flache Schippen hat Tobis Bande im Sand vergraben. Tobi hat sich die Stellen gemerkt.

Ralfs Bande hat ihre unter dem Holzhaus verbuddelt.

„Da können wir schnell dran", sagt Ralf.

So kämpfen sie jeden Tag.

Mario mag gar nicht mehr nach draußen gehen.

„Die prügeln doch nur", sagt er. „Und da habe ich Angst."

„Wir können überhaupt nicht mehr richtig spielen", sagt Belkis. „Teilt doch die Schippen gerecht auf", schlägt sie vor.

„Das machen wir nicht", sagt Tobi. „Wir haben schließlich die meisten. Da geben wir doch keine ab!"

Ralf hat sogar eine mit nach Hause genommen, damit sie Tobis Bande nicht findet. Aber er musste sie wieder mitbringen.

„Denn eigentlich gehören die Schippen doch allen", sagt Stefan.
Heute ist der Streit besonders schlimm.
Ralf hat Alexander in den Bauch getreten. Deshalb hat Miriam mit ihrer Schippe Ralf auf den Kopf gehauen. Und nun ist Ralf so wütend, dass er wild um sich schlägt. Die anderen Kinder aus seiner Bande helfen ihm. Tobi hilft Miriam.
„Los, jeder auf jeden", ruft Tobi dann.
Da wird der Kampf immer furchtbarer.
Belkis und Mario verstecken sich hinter einem Busch. Ratlos kommen andere Kinder herbei.
Einer ruft: „Aufhören!"
Doch die Kinder kämpfen weiter. Sie schlagen mit den Schippen aufeinander ein. Ralf blutet am Finger.
Plötzlich drängelt sich Jorenka nach vorne.
Jorenka ist noch nicht lange im Kindergarten. Zuerst haben die anderen Kinder gedacht, Jorenka käme aus einem anderen Land. Keiner kann sie verstehen. Doch jetzt wissen sie, dass Jorenka eine Sprachstörung hat und viel üben muss. Ihre Laute und Wörter klingen manchmal wie ein Lied, aber manchmal auch sehr traurig.
Jorenka stellt sich zwischen Tobi und Ralf und hält die beiden auseinander.
Was die sich traut, denkt Belkis, die immer noch hinter dem Busch lauert.
„Tscham-tscham-buh-ja!", schreit Jorenka. Und noch einmal: „Tscham-tscham-buh-ja!"
Dabei guckt sie bitterböse von Tobi zu Ralf und von Ralf zu Tobi.
Tobi lässt die Schippe fallen. Ralf hebt sie nicht auf. Die beiden bleiben einfach nebeneinander stehen.
Langsam beruhigen sich auch die anderen Kinder. Sie kommen näher und sehen Jorenka an.

Jorenka sagt immer nur dasselbe: „Tscham-tscham-buh-ja!"
Es klingt wie ein Wort, wie ein Zauberwort. Tschamtschambuhja.
„Endlich ist der Kampf vorbei", sagt Belkis.
„So schlimm wie heute war es noch nie", sagt Miriam.
„Wir sind blöd, wo es doch viel bessere Spiele gibt", sagt Alexander.
„Mein Kopf tut mir weh und mein Finger", sagt Ralf.
„Tschuldigung", sagt Miriam.
„Hört mal, ich habe eine Idee", sagt Tobi. „Tschamtschambuhja könnte unser Zauberwort sein. Immer wenn wir streiten und einfach nicht mehr wissen, wie wir aufhören können, sagen wir: Tschamtschambuhja! Und dann müssen wir aufhören und nachdenken."
„Aber alle müssen sich daran halten", sagt Ralf.

„Dann hört der Streit schneller auf und vielleicht fällt uns danach etwas richtig Gutes ein", sagt Miriam. „Ich finde die Idee gut."
„Ob das klappt?", fragt Belkis.
„Mensch, wir probieren es einfach!", schreit Tobi.
Alle sind einverstanden.

Als Alexander an diesem Tag nach Hause kommt, sagt er zu seinem Bruder: „Wolfram, ich habe dir aus dem Kindergarten etwas mitgebracht."
Wolfram verzieht das Gesicht. Er geht schon in die erste Klasse und mit dem Kindergarten will er eigentlich nichts mehr zu tun haben.
„Was ist es denn?", fragt er dann doch.
Und da erzählt Alexander von dem Zauberwort.
„Vielleicht hilft es uns auch, wo wir uns doch so oft zanken", sagt er.
„Versuchen können wir es ja mal", sagt Wolfram schließlich. „Wie heißt das Wort?"
„Tschamtschambuhja", sagt Alexander.
„Aber geheim muss es bleiben", sagt Wolfram.
„Tschamtschambuhja!", sagt Alexander und lacht.

Ich will auch mal mit den andern spielen

Andrea und Anja sind allerbeste Freundinnen. Jeden Morgen gehen sie zusammen in den Kindergarten. Entweder holt Andrea die Anja ab oder Anja die Andrea. Das haben sie so verabredet. Manchmal treffen sie sich auch unterwegs.
„Wir sind bestimmt beide gleichzeitig losgegangen", sagt Andrea.
Oft haben die beiden Mädchen sogar die gleichen Sachen an. Und wenn die Leute sie dann für Zwillinge halten, dann kichern sie.
Natürlich haben sie auch die gleiche Frisur und die gleichen Haarspangen. Beide haben dunkelblonde, lange Haare. Andrea lässt sich von ihrer Mama immer einen französischen Zopf flechten. Anjas Mama kann das jetzt auch. Sie hat mit Andreas Mama geübt.
Am Maltisch im Kindergarten sitzen die beiden immer zusammen. Sie malen dasselbe Bild. Entweder ist Andrea die Vormalerin und Anja die Nachmalerin oder es ist umgekehrt.
Im Stuhlkreis sitzen sie bei allen Spielen nebeneinander. Wenn bei einem Spiel Andrea ein neues Kind aussuchen darf, dann überlegt sie ganz lange, so lange, dass es für die anderen langweilig wird. Und dann nimmt sie doch die Anja dran. Wenn Anja dann dran war, kann sie natürlich nicht die Andrea nehmen, sonst, na ja, dann könnten die beiden doch gleich alleine spielen.
Tim hat Anja zum Geburtstag eingeladen.
„Darf Andrea auch kommen?", fragt Anja.
„Nein", sagt Tim. „Ich kann nicht so viele Kinder einladen."
„Dann komme ich auch nicht", sagt Anja.
Tim ist darüber traurig.

Warum soll ich denn die Andrea einladen, wenn ich nur die
Anja will, denkt er.

Als Andrea Scharlach hat und nicht in den Kindergarten
darf, beschließt Anja: „Dann gehe ich auch nicht."
Aber den ganzen Tag langweilt sie sich. Sie weiß gar nicht,
was sie machen soll.
„Darf ich Andrea besuchen?", fragt sie.
„Nein", sagt Mama, „Scharlach ist ansteckend."
Anja hat vor lauter Langeweile richtig schlechte Laune.
Am nächsten Tag muss Anja in den Kindergarten gehen.
„Du kannst doch nicht jedes Mal zu Hause bleiben, wenn
Andrea krank ist", sagt Mama.
Als Anja in die Gruppe kommt, fragen die anderen sofort:
„Wo ist denn Andrea heute?"

Alle vermissen Andrea, denkt Anja. Und dass ich da bin, ist ihnen egal. Keiner will mit mir spielen.
Anja ist traurig und weiß nicht, was sie machen soll. So geht es ein paar Tage lang. Jeden Morgen sitzt Anja nur herum. Hoffentlich ist Andrea bald wieder gesund, denkt sie.
Doch dann passiert etwas.
Mitten über dem Frühstückstisch seilt sich eine Spinne ab. Die Kinder sehen fasziniert zu.
Aber plötzlich schreit Tim: „Das ist eine Kreuzspinne! Guckt mal, da hat sie ein Kreuz."
„Eine Kreuzspinne ist giftig", sagt Miriam.
„Das stimmt nicht!", sagt Tim. „Ich möchte sie mir so gerne einmal genauer ansehen."
„Wir könnten sie doch mit der Becherlupe fangen und später wieder freilassen", schlägt Miriam vor. „In der Becherlupe bekommt sie genug Luft und kann mindestens eine Stunde darin leben."
„Ich traue mich nicht", sagt Tim.
„Aber ich", sagt Anja.
„Du?", fragt Miriam.
„Ja, ich!"
„Dann gib doch der Andrea mal die Lupe", sagt Miriam.
„Ich bin die Anja", schimpft Anja.
„Das ist bei euch beiden doch egal", sagt Miriam.
„Ist es nicht! Und außerdem hat die Andrea bestimmt Angst vor Kreuzspinnen!"
Anja macht den Deckel von der Becherlupe ab und es gelingt ihr, die Kreuzspinne zu fangen.
Tim und Miriam haben dabei die Luft angehalten.
„Anja, lässt du mich mitgucken?", fragt Tim, als der Deckel wieder verschlossen ist.
Tim erzählt allen, dass er Anja sehr mutig findet, den anderen Kindern in der Gruppe und mittags seiner Mama.

„Heute war es toll im Kindergarten", sagt Anja zu Hause.
„Ist Andrea denn wieder gesund?", fragt Mama.
„Nein, aber es war trotzdem toll", sagt Anja.

Am nächsten Morgen klingelt Andrea Sturm bei Anja.
„Ich darf wieder in den Kindergarten", ruft sie.
„Das ist toll", sagt Anja und freut sich.
„Aber du hast ja heute gar keinen französischen Zopf", sagt Andrea.
„Nein, ich will ihn nicht mehr jeden Tag", sagt Anja.
Am Maltisch hält Andrea einen Platz frei.
„Komm, Anja!", ruft sie.
„Ich will jetzt nicht malen", sagt Anja.
Anja spielt überhaupt nicht mehr mit mir, denkt Andrea. Sie spielt nur noch mit Miriam und Tim. Wie sie angeben mit ihrem großen Spinngewebe, das sie aus Schnüren gebastelt haben!
„Bist du denn nicht mehr meine Freundin?", fragt Andrea.
„Doch!", sagt Anja. „Aber ich möchte auch mal etwas mit den anderen machen. Komm doch und mach auch mit."
Da steht Andrea langsam auf und geht zu ihr.

Manchmal kann ich fliegen

Auf dem Boden im Turnraum sitzt Christof und versucht den Knoten seines Schnürsenkels aufzumachen. Das geht schwer.
Hinten, neben der Tür, sitzt Markus und zieht seine Strümpfe an.
Der blöde Markus, denkt Christof. Immer sagt er „lahme Ente" zu mir, nur weil ich nicht so schnell rennen kann. Bin ich denn eine Düsenrakete? – Aber heute hat er auch noch „Fettsack" gerufen. Das werde ich ihm zurückgeben, dem Blödian. Die sind alle doof hier, denkt Christof. Alle! Ich will auch gar nicht mehr in den Kindergarten gehen!
Christof sieht den Tauben nach, die am Fenster vorbeifliegen.
Die haben es gut, denkt er. Wenn ich fliegen könnte ...
Christof legt seinen Kopf auf die Knie.
Vielleicht kann ich fliegen?, denkt er. Mit Opas großem Regenschirm könnte ich fliegen. Wenn wieder so ein starker Windstoß kommt wie heute morgen, dann hebe ich einfach ab.
Christof spürt, wie ihm der Wind ins Gesicht bläst. Wie der Wind unter den Schirm drückt.
Christof hält den Schirm fest, streckt seinen Arm weit aus, zieht ein Knie hoch bis zum Bauch. Mit dem anderen Fuß stößt er sich ab und springt.
Christof verliert den Boden unter den Füßen, er wird leicht, ganz leicht und hebt ab.
„Ich fliege. Tatsächlich, ich fliege!", ruft er.
Es kribbelt in den Zehen, in den Füßen, in den Beinen und im Bauch. Christof fühlt sich leicht wie eine Seifenblase. Er schwebt hin und her und steigt dabei immer höher.
Zuerst fliegt er über das Dach des Kindergartens. Dann am

Kiosk vorbei, über einen hohen Baum, dann über Annikas Haus und hoch in die Luft.
An dem Schirm hält er sich fest und mit den Füßen macht er Schwimmflossen-Bewegungen.
„Ich fliege, ich fliege", jubelt er.
Christof fliegt immer höher, und als er in der Nähe des Kirchturms die Tauben trifft, ruft er: „Hallo, ich komme mit!"
Aber die Tauben fliegen aufgeschreckt davon.
Da landet Christof auf dem Rücken des Wetterhahns. Der hätte vor Schreck fast gekräht, wie ein richtiger Bauernhofhahn.
Christof kann es gar nicht glauben. Er ist wirklich geflogen. Und jetzt sitzt er auf dem Wetterhahn mit Opas Schirm. Das ist auch nötig, denn hier oben gießt es in Strömen.
Christof hält sich am Kopf des Wetterhahns fest und schaut nach unten. Schwankt er?
Die Autos und die Menschen sehen klitzeklein aus und der Kindergarten sieht aus wie ein Haus aus der Bauecke.

Wenn der Markus jetzt auf den Spielplatz geht, dann spucke ich ihm auf den Kopf. Christof holt ganz viel Spucke und spuckt in hohem Bogen nach unten. Er traut sich aber nicht, der Spucke nachzusehen.
Ich fliege noch ein bisschen weiter, denkt er und streckt den Schirm hoch in die Luft. Ob es wieder gelingt abzufliegen? Christof hat Herzklopfen. Aber er springt und er fliegt. Da freut er sich und lacht. Er lacht seine Angst weg.
Eine kleine Runde dreht er um Annikas Haus herum, dann fliegt er über den Park, dann über die Hauptverkehrsstraße. Unter ihm rasen die Autos vorbei.
„Ihr Luftverpester! Ihr Knattermaschinen, ihr Kindererschrecker! Mich könnt ihr nicht ärgern! Ich muss nicht an der Straße warten, bis ihr mich mal gnädig hinüberlasst!", ruft Christof. „Ich fliege euch auf dem Kopf herum!"
Christof lacht und lacht und lässt sich mit einer Hand los. Da sackt der Schirm ein Stück ab.
„Hilfe, hier will ich aber nicht landen", sagt Christof. Schnell hält er sich wieder mit beiden Händen fest und macht kräftige Schwimmflossen-Bewegungen mit den Füßen. Nun steigt er wieder höher und fliegt über die Dächer der Häuser. Mit einem Fuß stößt er dabei an eine Fernsehantenne. Die wackelt ziemlich stark.
Das gibt eine Bildstörung, denkt Christof und lacht.
Als er über den Eisstand fliegt, verliert er einen Stiefel. Der fällt dem Eismann direkt auf den Kopf. Der Mann schaut nach oben, sieht Christof und schreit: „Hilfe! Hilfe! Der Junge fliegt weg!" Aber die Menschen auf der Straße sehen nicht nach oben.
Der spinnt, denken sie. Der hat zu viele Geschichten gelesen!
Als die Kirchturmglocke zwölfmal schlägt, erschrickt Christof. Ich muss landen, denkt er, der Kindergarten ist gleich aus.

„Los, beeil dich, Christof", sagt Frau Wiese. „Du musst dich noch anziehen."
Christof schaut sich im Turnraum um.
Wie bin ich denn hierher gekommen?, überlegt er.
„Lahme Ente!", ruft Markus.
„Du wirst dich wundern", sagt Christof. „Du kannst es glauben oder nicht, aber ich kann fliegen!"
Da lacht ihn Markus aus und die anderen Kinder lachen mit.
„Ich kann es euch beweisen", sagt Christof. „Gleich draußen."
„Das glaube ich nicht", sagt Markus.
Alle gucken gespannt zu, wie Christof auf den Rutschberg klettert und Opas Schirm mit einem Knopfdruck öffnet.
„Automatikschirm", sagt Markus.
Von hier oben gelingt der Abflug bestimmt, denkt Christof.
Er weiß nicht, wie sehr ihm Annika die Daumen drückt.
„Hof-fent-lich, hof-fent-lich!", ruft sie.
„Sei still, Baby", sagt Markus.
Annika wirft ihm einen bitterbösen Blick zu, so sehr ärgert sie sich über das Wort „Baby".
Christof wartet, bis ein starker Windstoß kommt.
Jetzt, denkt er. Den Arm mit dem Schirm streckt er weit von sich. Ein Knie zieht er hoch bis zum Bauch. Mit dem anderen Fuß stößt er sich ab und springt.
Aber im nächsten Moment klatscht er auf dem Boden auf.
Die Kinder haben zuerst zum Himmel gesehen. Bei Christofs Absturz halten sie die Luft an.
Annika rennt schnell zu ihm.
„Oh weh, du blutest am Mund. „Hast du dir sehr weh getan?"
Christof schüttelt den Kopf. Er hat sich nicht sehr weh getan, aber er ärgert sich.
Ich weiß doch, dass ich fliegen kann, denkt er.

Da kommt auch schon Markus näher.
Ich will gar nicht hören, was er sagt, wie er mich auslacht, denkt Christof und hält sich die Ohren zu.
Aber er hört trotzdem, wie Markus sagt: „Dass du dich das getraut hast, das hätte ich nicht gedacht."
Markus dreht sich um und geht.
Christof muss husten und ein bisschen würgen. Er hält seine Hand vor den Mund und da fühlt er etwas. Es ist ein Zahn.
Tränen laufen Christof über das Gesicht, so sehr erschrickt er.
„Zeig mal", sagt Annika. „Ist es dein erster?"
„Ja", antwortet Christof und wischt sich mit dem Ärmel über den Mund.
„Mach mal den Mund auf", sagt Annika.
„Da!", schreit sie. „Da sieht man schon deinen ersten Männerzahn!"
Christof schluckt. Es geht ihm schon ein bisschen besser.
„Annika, ich kann fliegen, ich weiß es genau!", sagt er.
„Ich glaube dir, Christof. Ich bin auch schon einmal geflogen. Aber weißt du, ich bin bei mir nicht so sicher, ob es vielleicht ein Traum war."
„So ist es bei mir auch", sagt Christof leise.
„Macht ja nichts", sagt Annika, „wir können es doch noch mal zusammen probieren. Morgen oder übermorgen. Oder Weihnachten."
Da nickt Christof.

Robert hat einen Freund

„Mama, jetzt habe ich einen Freund im Kindergarten", erzählt Robert, als er nach Hause kommt.
„Das ist schön", antwortet Mama. Sie freut sich.
„Er spielt auch so gerne mit gefährlichen Sachen."
„Was?", sagt Mama und schaut Robert aufmerksam an. „Wer ist denn dein Freund?", fragt sie.
„Der Tom."
„Der Tom?"
„Ja, der wohnt auch hier in der Siedlung. Der ist mit seiner Mama hierher gezogen. Er kann tolle Gewehre bauen. Bessere als ich."
„Musst du denn immer mit Gewehren spielen?", fragt Mama.
„Ja! Dann haben die anderen Angst vor uns, weil wir so stark sind."
„Dann wollen die anderen aber bestimmt nicht mit euch spielen", sagt Mama.
„Nein, das brauchen sie auch nicht. Wir spielen Angreifen, dann rennen sie immer weg."
„Rennen sie weg, weil sie Angst vor euch haben?", fragt Mama.
„Bestimmt!", antwortet Robert.
„Dann finde ich euer Spiel nicht gut. Könnt ihr euch nicht etwas überlegen, das den anderen auch Spaß macht?"
„Aber, Mama, es sind doch keine echten Waffen", sagt Robert.
Kurze Zeit später klingelt es. Tom steht vor der Tür.
„Kommst du mit zum Spielplatz?", fragt er.
„Ich frage meine Mama, ob ich darf", sagt Robert.
„Du bist Tom?", fragt Roberts Mama.
Tom nickt.
„Na, dann geht. Ich hole dich nachher ab, Robert", sagt sie.

„Bin ich froh, dass ich raus durfte", erzählt Tom draußen. „Mein Papa ist zu Besuch gekommen, der wohnt ja nicht bei uns, und nun schreien sich Papa und Mama nur an. Das ist blöd!"
„Meine Mama und mein Papa zanken sich auch manchmal. Aber sie vertragen sich auch wieder", sagt Robert.
„Hast du es gut!", sagt Tom. „Komm!", ruft er und rennt los. „Ich kann einen guten Flitzbogen bauen. Eine Kordel habe ich in der Hosentasche."
Robert rennt hinter ihm her. Einen Flitzbogen wollte er schon lange haben.
Tom rennt mitten durch die Sandkiste. Er schnappt sich einen kleinen Sandeimer und wirbelt ihn durch die Luft. Beinahe hätte er damit ein Kind am Kopf getroffen.
„Spinnst du?", schreit eine Frau.
Aber Tom lacht laut und rennt weiter.
„Das finde ich blöd", sagt Robert.
„Quatsch, komm", ruft Tom.
Er klettert die Leiter zur Rutschbahn hinauf und schubst ein Mädchen so kräftig, dass es fast heruntergefallen wäre. Das Mädchen schreit laut und Tom lacht.
„Los, Robert, komm. Wir setzen uns hier oben hin und lassen keinen mehr drauf!"
„Nein, das mache ich nicht mit", sagt Robert.

Er setzt sich auf die Schaukel.
„Wir wollten doch Flitzbogen bauen", sagt er.
„Na gut", sagt Tom und rutscht mit großem Geschrei die Rutsche hinunter. Einem Jungen nimmt er das Dreirad ab, fährt eine kleine Runde und wirft das Dreirad in die Sandkiste. Der Junge weint.
„Ich finde das gemein, was du machst!", sagt Robert.
„Willst du nun einen Flitzbogen haben oder nicht?", fragt Tom.
„Ja! Aber nicht, wenn du so doof bist!", sagt Robert.
„Ist ja gut", lenkt Tom ein. „An dem Strauch dahinten sind gute Stöcke für Flitzbogen." Die beiden Jungen brechen zwei Stöcke ab und Tom knotet daran die Kordel fest.
„Gut, dass du zwei Kordeln hast", sagt Robert.
„Ich habe doch extra eine für dich mitgebracht", antwortet Tom.
„Jetzt brauchen wir nur noch Pfeile", sagt Robert.
„Wir müssen uns kleine Stöckchen dafür suchen", sagt Tom.
„Guck mal, dies hier geht bestimmt."
Tom spannt seinen Bogen und schießt. Tatsächlich: Der kleine Stock fliegt wie ein Pfeil.
Als Robert seine Mama kommen sieht, rennt er ihr entgegen.
„Mama, wir haben tolle Flitzbogen gebaut", sagt Robert.
„Ist das Ihr Sohn?", fragt eine Frau.
„Ja", sagt Mama.
„Lassen Sie ihn nur nicht mit dem da spielen", sagt sie und zeigt auf Tom. „Ein schrecklicher Rabauke ist das! Gestern hat er mit einem Stock unser Auto verkratzt. Heute ärgert er hier alle Kinder. Wer weiß, was der morgen macht!"
„Komm, Robert", sagt Mama. „Musst du noch nicht nach Hause, Tom?", fragt sie.

„Nö!", sagt Tom.
„Der rennt doch noch draußen herum, wenn es schon dunkel ist", sagt die Frau.
Tom zielt mit seinem Flitzbogen auf die Frau, ohne zu schießen, und läuft weg. Er dreht sich nicht mehr um.
„Er ist aber trotzdem mein Freund", sagt Robert.

Am nächsten Morgen ist Robert schon im Kindergarten, als Tom kommt. Robert läuft ihm entgegen.
„Wer holt mich heute ab, Mama?", fragt Tom.
„Frau Kaiser, wie immer donnerstags", sagt Toms Mutter.
„Muss ich denn wieder den ganzen Tag hier bleiben?", fragt Tom.
„Natürlich, du weißt doch, dass ich arbeiten muss", schimpft Toms Mutter. „Los, zieh deine Jacke aus, beeil dich! Ich komme schon wieder zu spät, deinetwegen!"
„Mama, wenn die Frau Kaiser mich abholt, dann bin ich wieder der Letzte", sagt Tom.
„Na und? Ist das etwa schlimm? Vielleicht kommt ja mal dein Vater und holt dich ab."
Toms Mutter rennt zum Ausgang.
Sie hat nicht mal „Tschüss" gesagt, denkt Robert.
Mit beiden Händen hält sich Tom an seinem Garderobenhaken fest. Den Kopf lässt er tief herunterhängen.
„Tom", sagt Robert. „Ich bleibe hier auf der Bank sitzen und warte auf dich. Wenn du nicht mehr so da stehen magst, dann gehen wir zusammen in den Gruppenraum. Ja?"
„Du bist ja mein Freund", sagt Tom.

„*Du hast angefangen!*"

Eben haben sie noch zusammen gespielt, Saban und Christopher. Und jetzt haben sie Streit. Sie streiten um einen weißen Stein.

„Der Stein gehört mir", sagt Saban.
„Nein mir!", sagt Christopher.
„Ich habe ihn gefunden", sagt Saban.
„Du hast ihn mir geschenkt", sagt Christopher.
„Geliehen", sagt Saban.
„Geschenkt, du Blödmann!"
„Selber Blödmann!", schreit Saban.
„Das nimmst du zurück!", schreit Christopher wütend. Er fasst in Sabans Haare und reißt daran.
„Aua!", brüllt Saban und packt nun Christopher an den Haaren.
„Hör auf!", schreit Christopher.
„Hör du doch auf!", schreit Saban.
„Aber du hast angefangen!", sagt Christopher.
„Nein, du!", brüllt Saban.
„Du!"
„Nein, du!"
Da lässt Saban los und sagt ganz ruhig: „Mir dir spiel ich nicht mehr."

„Dann geh doch! Los, hau ab!", sagt Christopher.
Saban geht. Er dreht sich nicht mal mehr um. Und Christopher ist alleine. Nun hat er keinen mehr zum Spielen. Und keinen zum Streiten.
Saban ist doof, denkt er. Und der Stein ist auch doof. Ich will ihn nicht mehr.
Christopher nimmt einen anderen Stein, einen schweren, und schlägt damit auf den weißen Stein. Mit seiner ganzen Wut. Aber was ist das? Christopher haut noch einmal zu: Funken. Der Stein macht Funken.
Christopher zieht seinen Pulli aus und packt den weißen Stein hinein. Er trägt ihn wie einen Goldklumpen. Christopher läuft über den Hof zu dem kleinen alten Haus, in dem Saban wohnt.
„Saban!", ruft er. „Saabaan!"
Saban guckt aus dem Fenster.
„Was ist?", fragt er.
„Es ist ein Feuerstein. Schau her!"
Saban kommt aus der Tür.
Auf dem Hof liegen viele dicke Steine herum. Christopher nimmt einen davon und schlägt damit wieder auf den weißen Stein, so fest er kann. Aber kein einziger Funken kommt heraus.
„Eben kamen ganz viele, das kannst du mir glauben", sagt Christopher.
„Es klappt nicht immer mit Feuersteinen", sagt Saban. „Lass mich mal."
Saban schlägt auf den Stein, bis es funkt.
„Siehst du, es ist ein Feuerstein", sagt Christopher. „Saban, soll der Stein uns beiden gehören?", fragt er dann.
„In Ordnung", sagt Saban. „Komm, wir bringen ihn in unser Geheimversteck."

Weggeschickt und ausgelacht

Alex geht morgens alleine in den Kindergarten und mittags alleine nach Hause. Er ist ein „Alleingeher". Als er heute in den Gruppenraum kommt, sind schon viele Kinder da.
„Guten Morgen, Alex", begrüßt ihn Frau Wiese freundlich.
„Morgen", brummelt Alex. Er ist noch ein bisschen verschlafen.
Im Gruppenraum sieht er sich kurz um und geht dann zur Bauecke. Christian und drei andere Kinder hocken auf dem Bauteppich und bauen Flugzeuge.
„Guckt mal, mein Propeller dreht sich wirklich", sagt Christian und zeigt stolz sein Flugzeug.
Alex sieht es auch.
„Kann ich mitspielen?", fragt er.
„Nein, hau ab!", schreit Christian so heftig, dass ihm dabei die Spucke aus dem Mund läuft. Die anderen Kinder sagen gar nichts. Sie wollen mit Christian jetzt keinen Krach riskieren. Sie wissen, dass er sich immer als Bestimmer in der Bauecke aufspielt.
Alex sieht noch eine Welle zu, wie sie ihre Flugzeuge starten und landen lassen. Noch einmal fragt er nicht.

In der Puppenecke springen Silke und Stefan auf Matratzen herum. Sie haben sich verkleidet: Stefan mit einem großen, roten Hut und einem himmelblauen Nachthemd, Silke mit einem grünen Schal um den Bauch und weißen, langen Handschuhen. Sie lachen und umarmen sich.
Wer in der Puppenecke mitspielen will, muss klingeln. Deshalb hängt davor eine Glocke an einem Band. Alex klingelt.
„Wir wollen alleine spielen", sagt Silke.
„Och, bitte", bettelt Alex.
„Nee, wir brauchen keinen mehr", erklärt Stefan energisch.

Alex dreht sich um. Am Tisch hinter ihm sitzen ein paar Kinder und spielen mit Claudia, der Praktikantin, Memory. Arne hat schon einen großen Stapel Pärchen vor sich liegen.
„Ich gewinne heute bestimmt", sagt er.
„Vielleicht", meint Claudia.
„Kann ich mitmachen?", erkundigt sich Alex.
„Nein, wir haben schon angefangen. Hier siehste", sagt Arne und zeigt auf seine Karten.
„Beim nächsten Spiel", vertröstet ihn Claudia.
Hinten in der Ecke im Gruppenraum steht der Basteltisch. Laternen werden gebastelt, denn bald ist Sankt Martin. Die Kinder haben sich rosa Schweinchenlaternen ausgesucht. Einige fertige Laternen hängen schon an Schnüren von der Decke herunter.
Der Basteltisch ist besetzt, da brauch ich gar nicht erst zu fragen, denkt Alex.
Frau Wiese weiß, dass Alex basteln möchte, und sagt: „Du kommst heute auch noch dran."
Alex setzt sich zu Sabrina und Dorothee an den Frühstückstisch. Die beiden Mädchen sind Freundinnen, allerbeste Freundinnen. Das weiß jeder in der Gruppe. Sie machen fast alles zusammen: malen, basteln, puzzeln. Und heute haben sie sogar das gleiche Kleid an.
Alex mag Dorothee sehr. Er würde so gerne einmal etwas

mit ihr machen, aber sie spielt einfach immer nur mit Sabrina. Einmal hat Alex sich getraut und sie gefragt, ob sie ihn vielleicht heiraten will. Da hat Dorothee ihn ausgelacht. Schlimm war das.
Als Tim die Mareike gefragt hat, freute sich die und schenkte dem Tim ihren schönsten Stift, den mit der Menschenfarbe, den sonst niemand hat.
Sabrina und Dorothee tauschen ihre Butterbrote. Sabrina klappt eine Ecke von Dorothees Brot auf: „Mm, lecker."
Dorothee schnuppert an Sabrinas Brot und sagt: „Mm, lecker."
Sie schmatzen und lachen.
Alex hat sein Frühstück vergessen. Als er sieht, wie Dorothee und Sabrina genüsslich ins Brot beißen, bekommt er Hunger – so großen, dass es in seinem Mund zu sprudeln anfängt. Da gießt er sich einen Becher Kakao ein und trinkt.
Sabrina und Dorothee tuscheln miteinander und dann kichern sie.
Auf einmal stößt Alex Sabrinas Kakao um. Absichtlich.
Der Kakao läuft über den Tisch – in Richtung Dorothee. Sie springt auf, doch leider zu spät. Ihr Kleid ist voller Kakao.
„Mein schönes Kleid!", jammert sie. „Gerade dieses..."
Die anderen Kinder im Gruppenraum schauen neugierig zum Frühstückstisch herüber.
„Immer der Alex!", schreit Christian und stürzt aus der Bauecke. Er boxt Alex so fest in den Bauch, dass der auf den Po fällt.
Das hat weh getan. Alex heult.
„Heulsuse, Heulsuse, hä, hä, hä!", lacht Christian und zeigt mit dem Finger auf Alex.
Die anderen Kinder sind ratlos. Was sollen sie tun? Es ging alles so schnell.
Zum Glück kommt Frau Wiese. Sie tröstet erst einmal beide,

Dorothee und Alex, und dann wäscht sie Dorothees Kleid aus und hängt es über die Heizung.
Christian beschwert sich: „Jetzt wird der Alex auch noch getröstet, dabei hat er das extra gemacht."
„Vielleicht hat er es extra gemacht", sagt Frau Wiese böse zu ihm. „Und du? Du hast auch etwas falsch gemacht, oder?"
Christian schaut ein wenig beschämt, denn Andrea sagt es schon: „Hauen und Treten ist verboten! Streiten kann man auch anders, aber ausgelacht wird keiner aus der Gruppe!"
„Was ist denn heute mit dir los, Alex?", erkundigt sich Frau Wiese.
„Alle lassen mich nicht mitmachen", sagt er traurig. „Und mit der Dorothee möchte ich so gerne mal spielen."
„Wenn du morgens einmal etwas früher kommst", schlägt Frau Wiese ihm vor, „sind noch nicht alle Ecken besetzt. Vielleicht kannst du dann mitspielen."
„Das geht aber nicht", erzählt Alex. „Weil mein Papa jetzt woanders wohnt, muss meine Mama auch arbeiten. Die müssen doch jetzt zweimal Miete bezahlen. Und meine Mama trägt morgens die Zeitungen aus. Ganz früh, dann ist noch Nacht. Wenn sie zurückkommt, frühstücken wir und dann gehe ich in den Kindergarten."
Sehr aufmerksam haben alle Alex zugehört. Sie schauen sich an.
„Morgen lassen wir ihn mitspielen", beschließen sie.
„Ich nicht!", sagt Dorothee. „Meine Freundin ist nun mal die Sabrina!"
„Und was machst du, wenn die Sabrina krank ist?", fragt Alex.
„Mal sehen!", antwortet Dorothee.

Mach ein Fenster in die Mauer

Endlich ist es Birthe gelungen, die Bauecke zu erobern. Denn Christian und Tim, die sonst jeden Tag die Bauecke besetzen, sind im Urlaub. Und wenn sich Erol mit der Verkehrsdecke nicht so ausbreiten würde, könnte Birthe endlich die Stadt bauen, die sie schon so lange bauen wollte.
„Mach dich doch nicht so dick", brummt sie Erol an.
„Ich war zuerst hier", sagt Erol und fährt mit dem Auto weiter auf der Straße entlang, die auf die Decke gemalt ist.
Zum Glück kommt heute nicht noch einer in die Bauecke, denkt Birthe. Sie hat das gelbe Schild davorgestellt und nun darf keiner mehr rein. So ist es abgesprochen.
Michael hat das Schild von seinem Vater geschenkt bekommen – ein richtiges Baustellenschild. „Betreten der Baustelle verboten" steht darauf.
Vorsichtig stellt Birthe die Steine aufeinander. Ein Haus soll es werden. Doch Erol stößt mit dem Fuß dagegen, aus Versehen.
„Tschuldigung", sagt er.
Aber Birthe ärgert sich.
„Pass doch auf!", schimpft sie und fängt noch einmal an.
Das Haus muss ganz schön werden, es soll mein Haus sein, denkt sie.
Es ist fast fertig, als es zusammenkracht. Wieder war es Erol, er ist mit dem Po dagegen gestoßen. Vor Wut hätte Birthe beinahe geheult.
„Du Blödmann", sagt sie böse, „geh doch weiter in die Ecke."
„Nein, das mache ich nicht, da kann ich nicht spielen." Erol schubst die Bausteine mit dem Fuß zur Seite.
„Du machst mir alles kaputt", beschwert sich Birthe.
„Na und? Dann musst du es eben wieder neu bauen", entgegnet Erol.

„Gemein bist du", erwidert Birthe.
Stefan hat den Streit mitbekommen. Er stellt sich zwischen die beiden und sagt: „Baut doch eine Grenze als Absperrung, dann hat jeder sein Gebiet."
Diesen Vorschlag finden Birthe und Erol gut. Sie bauen eine Grenze durch die ganze Bauecke. Nun ist es ganz klar: Auf der einen Seite spielt Erol, auf der anderen Birthe.
„Alles, was auf meiner Seite liegt, gehört mir", sagt Birthe schnell, denn sie hat die Ampel entdeckt, die eigentlich zur Verkehrsdecke gehört.
„Na gut", sagt Erol, „und was auf meiner Seite liegt – mir."
Doch Birthe hört ihm gar nicht mehr zu. Sie versucht eine Rutsche zu bauen, doch es gelingt ihr nicht. Erol könnte ihr bestimmt dabei helfen, aber fragen will sie ihn nicht.
Dann baue ich zuerst einen Kindergarten, einen ganz großen Kindergarten mit einem Aussichtsturm. Von dem Turm aus können die Kinder die ganze Welt sehen oder – bis nach Düsseldorf, denkt sie.

Birthe muss sich beim Bauen hinstellen, so hoch wird der Turm. Super sieht der aus.
„Erol, guck mal", ruft sie.
Da passiert es. Der Turm schwankt und schwankt. Birthe versucht ihn mit den Händen festzuhalten. Das geht natürlich nicht. Langsam kippt er auf Erols Seite hinüber, klatsch, und ist kaputt.
„Alles, was in meinem Gebiet liegt, gehört mir!", triumphiert Erol.
Birthe schluckt. Am liebsten würde sie Erol jetzt eine kleben.
„Komm, wir machen aus der Grenze eine Mauer!", schlägt sie vor. „Eine hohe Mauer!"
Mit Erol will sie nichts mehr zu tun haben!
Erol beginnt sofort zu mauern.
„Eine Mauer ist prima, dann störst du mich wenigstens nicht mehr", sagt er.
„Du musst die Steine Lücke auf Lücke stellen, wie bei einer richtigen Mauer, dann hält sie besser", erklärt Birthe.
„Das weiß ich auch, blöde Ziege", brummt Erol und streckt die Zunge raus.
„Selber blöd", gibt Birthe zurück. „Bäh!"
„Rotznase!"
„Entenfuß!"
„Brennnessel!"
„Grüner Wackelpeter, bäh!", kontert Birthe und muss lachen.
Als die Mauer hoch genug ist, hört Erol auf zu bauen.
„Jetzt kann ich dich endlich nicht mehr sehen."
Birthe ist zufrieden. Sie kniet auf dem Boden. Erol sagt nichts mehr, nur seine Autogeräusche hört Birthe. Die klingen so echt, so, als hätte Erol einen Motor samt Bremsen verschluckt. Leider hat Birthe aber nun fast keine Steine mehr, denn die meisten stecken in der Mauer.

Es reicht höchstens noch für eine kleine Hundehütte, denkt sie. Am besten schleiche ich zu Erol und hole mir die anderen Steine; denn freiwillig gibt er sie mir nie.
Sie legt sich flach auf den Bauch und lugt um die Ecke. Die Steine liegen ganz hinten an der Wand, da kommt sie nicht dran. Vielleicht hilft Stefan?
„Klauste mir die Steine bei Erol?", flüstert sie Stefan ins Ohr.
„Du spinnst wohl!", brüllt Stefan. „Hol sie dir selber, wenn du sie brauchst."
Birthe geht in die Bauecke zurück.
Es ist so eng hier. Doof, die Mauer, sie könnte ruhig umfallen, denkt Birthe und pustet.
Doch nichts geschieht.
„Ich kann überhaupt nichts sehen!
Sie pustet noch einmal kräftiger. Nichts!
„Erol", flüstert sie. Keine Antwort. Immer nur Autogeräusche: Brum, Brum-Brum.
„Erol", sagt sie. Wieder keine Antwort.
„Erol!", schreit sie so laut, als wäre er draußen im Garten.
Erol erschrickt und guckt um die Ecke. Sogar Stefan kommt angerannt.
„Die Mauer ist doof! Ich kann nichts sehen, ich bin ja richtig eingesperrt", jammert Birthe.
„Und – was sollen wir machen? Ohne Mauer fängst du doch wieder an zu streiten", erklärt Erol.
„Macht ein Fenster in die Mauer", schlägt Stefan vor.
Von diesem Vorschlag sind Birthe und Erol begeistert. Sie nehmen ein paar Steine heraus, dabei wackelt die Mauer zwar kräftig, aber sie fällt nicht um.
Ein schönes, großes Fenster ist es geworden.
Die frei gewordenen Steine nimmt Birthe. Aber ihr fällt nichts mehr ein, was sie noch bauen könnte. Sie schaut durch das Fenster zu Erol und er im selben Moment zu ihr.

Mit den Nasen stoßen sie zusammen.
„Pass auf!", sagt Erol.
Ganz vorsichtig zieht Birthe den Kopf zurück.
„Mensch, Erol", sagt sie, „guck mal, das ist ja ein prima Anfang für ein Haus!"
Erol ist begeistert: „Absolut Klasse! Sollen wir es zusammen bauen?"
„Ja, das machen wir, und die Autodecke legen wir davor. Zusammen macht es viel mehr Spaß!"

Kraft im Kopf

An diesem Tag stößt Lisa schon an der Eingangstür zum Kindergarten mit Ralf zusammen. Er schubst sie zur Seite und geht in den Gruppenraum. Lisa beobachtet ganz genau, was Ralf macht.
Zuerst tritt er Johannes gegen das Bein. Dann haut er den Turm um, den Carina gebaut hat. Dabei dreht er sich immer wieder um und passt auf, dass Frau Wiese nicht sieht, was er macht. Dann geht er zur Verkleidungsecke und befiehlt: „Raus!"
Silke und Carolin spielen dort. Sie verdrücken sich sofort – ohne ein Wort. Silke hält noch eine Wolldecke in der Hand.
„Die bleibt hier!", brüllt Ralf.
Vor Schreck lässt Silke sie fallen.
„Mal sehen, wer heute in die Verkleidungsecke darf..."
Ralf schaut sich, beide Hände in die Hüften gestemmt, um. Ein paar Kinder sehen ihn erwartungsvoll an. Sie spielen alle so gerne mit den Verkleidungssachen.
„Susanne", bestimmt Ralf und Susanne geht zu ihm.
„Alex." Alex geht.
„Lisa", sagt Ralf.
Doch da schreit Lisa ganz laut: „Nein!"
Sie schreit so laut, dass Frau Wiese und ein paar Kinder hinzukommen.
„Ich gehe nur dann in die Verkleidungsecke, wenn ich das will", sagt Lisa, „nicht dann, wenn du es erlaubst. Denkst du etwa, dass du immer der Bestimmer bist?"
Zunächst ist Ralf sprachlos. Aber dann droht er: „Was denn, was denn? Komm her, wenn du was willst."
Dabei hebt er die Faust.
„Ja, ich komme."
Lisa geht einen Schritt auf Ralf zu.

„Du meinst, du bist der Stärkste? Aber das bist du nicht! Auch nicht, wenn du so groß bist wie ein Riese."
Ralf lacht, aber es klingt anders als sonst.
„Der Stärkste in der Gruppe ist nämlich der, der beim Streiten diese Kraft nimmt."
Lisa klopft sich mit dem Zeigefinger an die Stirn.
„Hier, die Kraft aus dem Kopf und nicht aus der Faust. Das hat mein Opa gesagt und der hat Recht."
Bisher haben sich die anderen Kinder nicht eingemischt, sondern Lisa bewundert. Was die sich traut! Und dabei ist sie zwar nicht die Jüngste, aber fast die Kleinste aus der Gruppe.
„Das geht nicht", findet Christian.
„Doch, es geht", erwidert Lisa. „Überleg doch mal. Der Ralf prügelt doch nur deshalb, weil ihm sonst nichts einfällt."
„Das stimmt!", wirft Alex ein. „Ich habe hier auch Kraft." Er tippt sich ebenfalls an den Kopf. „Wir könnten nämlich abwechselnd die Bestimmer sein", schlägt er vor.
„Genau", sagt Lisa, „oder können auszählen."
„Und dann muss keiner mehr ins Dornengefängnis?", will Silke wissen. Sie hat solche Angst davor.
Das Gefängnis ist der große Dornenbusch hinten im Garten. Zuerst war es nur ein Spiel, aber dann wurde es ernst. Ralf steckt die Kinder hinein, mit denen er Streit hat.
„Nein, keiner geht mehr in das Dornengefängnis, nur wenn wir wirklich spielen", meint Alex.
„Und ich bin nicht mehr die Wächterin davor", sagt Susanne und dabei sieht sie Ralf herausfordernd an.
„Außerdem muss Hauen und Treten verboten sein! Wir verabreden das jetzt einfach", schlägt Carolin vor.
Die anderen nicken.
„Und es wird nichts mehr extra kaputt gemacht, nur noch aus Versehen", meint Christian.

„Meinst du etwa auch mich?", brüllt Ralf.
„Ja", sagt Christian. „Denk mal an eben. Da hast du einfach mein Flugzeug auf den Boden geworfen. Mit Absicht!"
„Ihr seid alle doof! Alle!", schreit Ralf. „Alle seid ihr gegen mich!"
Heulend hockt er sich auf den Boden.
Ralf heult? Das haben die anderen noch nie gesehen.
Und Frau Wiese? Sie steht nur da und tröstet Ralf nicht.
„Jetzt siehst du, dass du keinen Freund hast, keinen einzigen", sagt Lisa.
Ralf schluchzt jetzt sogar und einigen Kindern tut er Leid.
Schließlich fragt er: „Was soll ich denn machen?"
„Überleg doch mal. Und wenn dir nichts einfällt", sagt Lisa, „dann kannst du nichts machen, dann bist du vielleicht der Schwächste in unserer Gruppe."
Da springt Ralf auf, stürzt sich auf Lisa und fast...
Zum Glück schreien die anderen: „Ralf! Halt! Hör auf!"
Da besinnt er sich, nimmt sich zusammen, wütend und zornig und ein bisschen traurig.
„Kommt, wir spielen weiter", schlägt Alex vor.
Lisa geht zum Basteltisch und Alex springt auf die Matratze in der Verkleidungsecke.
Ralf steht eine Weile herum und sieht zu. Dann geht er zu Alex und fragt: „Kann ich mitmachen?"

Der chinesische Knoten

So ein blöder Tag! Heute geht auch alles schief, denkt Kok Wai.
Morgens durfte er seinen neuen Schirm nicht mit in den Kindergarten nehmen. „Es regnet doch gar nicht", hatte Mama gesagt. Dabei wollte Kok Wai auch gar nicht, dass sein schöner neuer Schirm nass wird. Aber zeigen wollte er ihn! Der Mareike! Und mit ihr über den Flur spazieren.
Dann hatte Kok Wai seine Tasche in Mamas Auto vergessen, mit der Banane und dem Butterbrot. Sein Bauch knurrt jetzt noch wütend vor Hunger!
An so einem Tag kippt dann auch noch das Wasserglas beim Malen um und sein Schmetterling, der so gut gelungen war, schwimmt mit dem schmutzigen Wasser davon. Dabei hatte er so echt ausgesehen, so, als könnte er wirklich fliegen und hätte sich auf Kok Wais Blatt nur ein bisschen ausgeruht.
Auf dem Flur dann, als Kok Wai in den Waschraum gehen wollte und nur ein klein wenig gerannt ist, kam Michael von der anderen Seite und dann knallten sie zusammen.
Nun sitzt Kok Wai im Gruppenraum und kühlt seinen Kopf, denn er hat eine riesige Beule.
Und Mareike?
Sie hat nur kurz aufgeschaut, als Kok Wai mit der Beule in den Gruppenraum gekommen ist. Heute will sie ihr 100-Teile-Puzzle fertig machen. Drei Tage lang hat sie daran gearbeitet, ganz alleine. „Keiner soll mir helfen, weil ich das alleine kann!", hatte sie immer wieder gesagt.
Kok Wai hat starke Kopfschmerzen. Er legt seinen Kopf auf die Arme und schließt einen Moment lang die Augen. Dann aber schreckt er hoch, weil Mareike ruft: „Noch fünf Teile!"
Einige Kinder feuern Mareike an: „Vier – drei – zwei – eins. Geschafft!"

Vorsichtig trägt Mareike das Tablett mit dem Puzzle durch den Gruppenraum. Frau Wiese soll es sehen.
Da springt Kok Wai auf, er will es auch anschauen. Und es passiert.
Kok Wai stolpert, fällt gegen Mareike. Mareike stößt gegen Tim. Und langsam rutscht das Puzzle über den Tablettrand. Fast 100 Teile purzeln auf die Erde. Nur ein Stückchen Himmel ist übrig geblieben.
Die Kinder halten den Atem an und dann brüllt Michael: „Der Kok Wai war es!"
Und die anderen schimpfen durcheinander. „Der Kok Wai hat das bestimmt extra gemacht! Der Kok Wai ist doof. Der macht immer alles falsch!"
Beide Ohren hält sich Kok Wai zu. Hätte er noch zwei Hände, würde er sich auch noch die Augen zuhalten. In seinem Kopf dreht sich alles wie ein Karussell, weil er immer noch Kopfschmerzen und immer noch Pech hat.
„Schade!", tröstet Frau Wiese Mareike. „Du hast dir so viel Mühe gegeben!"
Mareike nickt traurig, sie kann gar nichts sagen.
Frau Wiese schaut Kok Wai an und fragt: „Was kannst du jetzt tun?"
„Er muss das Puzzle alleine neu machen", sagt Tim.
„Er muss sich entschuldigen", bestimmt Katrin.
„Er könnte der Mareike etwas Schönes schenken", schlägt Andreas vor.
„Oder den ganzen Gruppenraum aufräumen. Auch die Bauecke, obwohl er dort nicht gespielt hat", sagt Christian.
„Das ist zu viel", wendet Tim ein.
Zwei Kinder sagen nichts: Mareike und Kok Wai.
Alle starren Kok Wai erwartungsvoll an. Er steht auf, geht auf Mareike zu, bückt sich vor sie auf den Boden und versucht eines ihrer Schnürbänder zuzubinden. Er weiß, dass

Mareike noch keine Schleife binden kann. Sehr strengt er sich an, aber das Band ist zu kurz, es rutscht immer wieder heraus. Es will ihm einfach nicht gelingen.
„Der kann ja selber keine Schleife binden!", spottet Andreas und lacht.
Christian und Tim kichern.
Da sagt Mareike laut: „Wer sagt denn, dass ich eine Schleife wollte? Ich will keine Schleife. Ich will einen Knoten. Einen chinesischen Knoten!"
Sie ist wirklich meine beste Freundin, denkt Kok Wai glücklich. Zu Mareike sagt er: „Ich helfe dir. Wir sammeln die Teile wieder ein und machen das Puzzle zusammen neu."
Mareike nickt und Kok Wai denkt: Mein Pechtag ist zu Ende. Mein Glückstag fängt jetzt an.

Das verzauberte Haus

Im Kindergarten sitzt Steffi am liebsten im Schneidersitz auf dem Boden und hört Musik.
„Lala", sagt sie und schaukelt mit Kopf und Oberkörper vor und zurück. Dabei streicht sie mit dem einen Daumen über den anderen, so schnell oder so langsam, wie es ihr die Musik erzählt.
Das ist schwer, aber Steffi kann das und es wird ihr nie langweilig.
Dennis hat es auch probiert, doch so gut wie Steffi kann er es nicht.
„Hör auf damit!", schimpft Steffis Mama, wenn sie Steffi schaukeln sieht.
Dann guckt Steffi sehr böse, zieht einen Schmollmund und macht ihre Augen schlitzklein.
„Es wird dir schwindelig, wenn du so schaukelst", meint Frau Wiese und gibt ihr zwei Klanghölzer.
Da freut sich Steffi, klopft darauf und sagt wieder: „Lala."
Dabei sitzt sie ganz still.
Aber immer kann Steffi die Klanghölzer nicht haben. Dann geht Dennis zu ihr, drückt auf Steffis Bauch, so, als wäre dort ein Knopf zum Ausschalten, und ruft: „Stopp!"
Steffi lacht und hört auf zu schaukeln.

In der Puppenecke ist Steffi viele Tage das Baby. Nadine und Tim tragen sie herum, geben ihr die Flasche und legen sie ins Bett. Steffi gefällt das und sie macht alles, was die anderen wollen. Aber eines Tages sagt Steffi: „Nein!"
Sie will nicht mehr das Baby sein. Nadine bettelt ein bisschen: „Och bitte, Steffi, du bist das beste Baby aus der Gruppe."
Steffi schreit: „Nein!"

Tim und Nadine sind enttäuscht und haben keine Lust mehr in der Puppenecke zu spielen.
Doch da sagt Steffi etwas, was sie noch nie gesagt hat: „Steffi – Mutter."
Zu Nadine, zu Tim und zu Dennis, der dazugekommen ist, sagt sie: „Schlafen."
Die drei legen sich brav auf die Matratzen und decken sich zu. Steffi holt die kleinen schwarzen Töpfe, rührt darin und probiert. Sie kocht so lange, bis Tim fast wirklich eingeschlafen ist.
Dennis schlägt vor: „Ich bin der Vater und gehe zur Arbeit."
Und Nadine: „Ich wär der Hund und renne hinter dem Vater her."
Steffi nickt. Endlich kann sie ungestört und so lange sie will mit dem Herd spielen.
Weil die Kinder mit Wasserfarben eine Stadt malen wollen, legt Frau Wiese mitten auf den Boden des Gruppenraums einen großen Bogen Papier. Alle hocken drum herum.
Steffi kniet neben Dennis. Beim Malen drückt sie so feste auf, dass ihr Pinsel fast alle Borsten verliert.
„Haus", sagt sie.
Dann sieht sie eine Weile zu. Auf einmal nimmt sie den Becher und trinkt blitzschnell das schmutzige Wasser. Die anderen Kinder halten den Atem an.
„Oh weh, was passiert jetzt?", fragt Nadine erschrocken.
„Das darfst du nicht machen! Nie mehr, hörst du?", schimpft Frau Wiese. „Zum Glück sind die Farben nicht giftig."
Steffi nickt.
„Die kann nicht mehr mitmalen. Sie malt sowieso nur Krickelkrackel", schimpft Michael. „Dabei ist sie schon fünf! Guckt mal, ein Haus soll das sein. So ein Haus brauchen wir nicht in unserer Stadt!"
„Es ist ihr Haus!", schreit Dennis wütend. „Und ihr Haus

sieht so aus! Vielleicht ist es verzaubert und wir können es nur nicht erkennen."

„In jeder Stadt gibt es ein Haus, das verzaubert ist", erklärt Nadine.

Während die anderen Kinder weitermalen, stibitzt Steffi die rote Wasserfarbe und versteckt sie in ihrer Schublade. Keiner merkt es. Steffi stellt sich mit dem Rücken davor und freut sich, als alle das Rot suchen.

In ihrer Schublade liegen noch mehr Sachen: Stifte, Puzzleteile, eine Schere, Faltpapier, Perlen, ein Apfel und ein Socken. Und alles ist rot. Rot ist nämlich Steffis Lieblingsfarbe.

Später als Dennis beim Schnipp-Schnapp-Spiel verliert, merkt nur Steffi, dass er traurig ist.

Sie legt beide Arme um seinen Hals, drückt ihn und fragt: „Gut, ja?"

Da geht es Dennis ein bisschen besser.

„Ich lade Steffi zu meinem Geburtstag ein", sagt Dennis zu seiner Mutter, als sie ihn abholt.

„Ein Kind darfst du noch einladen, dann seid ihr zu fünft. - Sag mal, Dennis, ist die Steffi behindert?"

„Behindert?", fragt Dennis. „Was ist das denn? Steffi ist Steffi."

Die eingesperrten Wörter

Im Sommer, wenn aus den Kleinen die Großen geworden sind, kommen neue Kinder in den Kindergarten. Einige von ihnen kennen sich schon richtig gut aus, weil sie ältere Geschwister haben. Für andere ist alles ganz neu. Manche Kinder haben Angst, weil sie das erste Mal ohne Eltern sind und weil sie Frau Wiese noch nicht kennen.

„Wie können wir den neuen Kindern helfen, damit sie sich schnell einleben?", fragt Frau Wiese.
„Wir zeigen ihnen alles und erklären ihnen die Spiele", schlagen die Kinder vor. „Wir helfen ihnen den Reißverschluss zuzumachen und suchen den einen Schuh, wenn er weg ist. Wir trösten die Kleinen, wenn sie weinen."
Als Gratia dann kommt, merken die Kinder, dass sie an etwas nicht gedacht haben.
Gratia ist nicht nur neu im Kindergarten, sie ist auch neu in Deutschland, denn bisher lebte sie bei ihren Großeltern in Italien. Sie spricht und versteht kein einziges Wort Deutsch.
Silke und Carolin kümmern sich ganz besonders um sie. Sie nehmen Gratia in ihre Mitte, gehen mit ihr durch den Garten und in die Sandkiste.
Aber Gratia weint. Sie wischt sich mit den Sandhänden durch das Gesicht.
Silke und Carolin zeigen ihr das Klo, waschen ihr den Sand aus den Augen, erzählen ihr einen Witz. Aber es nützt nichts.
Gratia weint. Ratlos kommen sie zu Frau Wiese.
Frau Wiese nimmt Gratia auf den Arm und schaukelt sie hin und her. Und Gratia beruhigt sich und hört auf zu weinen. Endlich! Silke und Carolin sind froh.
„Sie muss Deutsch lernen", sagt Carolin.

„Meral geht es genauso", sagt Silke. „Sie spricht nur Türkisch und versteht uns auch nicht."
„Und der Kok Wai nur Chinesisch", bemerkt Carolin.
„Wenn wir alle Mischi-Maschi sprechen würden, dann könnten wir uns verstehen", meint Silke.
„Am besten lernen wir zuerst Italienisch", sagt Andrea, die dazugekommen ist. „Dann kann ich im Urlaub in Italien ein bisschen verstehen."
„Und was machen wir mit Türkisch und Chinesisch?", fragt Carolin.
„Das ist zu viel", antwortet Andrea. „Besser ist es, wenn wir einen Plan machen, wie Meral, Kok Wai und Gratia Deutsch lernen können."
„Wie geht denn so ein Plan?", fragt Silke.
Doch das wissen Carolin und Andrea auch nicht, deshalb fragen sie Frau Wiese.
Doch – etwas Seltsames passiert. Sie können Frau Wiese nicht mehr verstehen. Frau Wiese macht den Mund auf und zu und auf und zu, aber kein Wort kommt heraus, nicht einmal der kleinste Ton.
„Sie hat ihre Stimme verloren", sagt Silke, denn ihre Mama hatte das auch mal.
„Dann musst du zum Arzt gehen, Frau Wiese", sagt Andrea.
Aber ganz gleich, was sie sagen, Frau Wiese gibt ihnen keine Antwort. Alle ihre Wörter bleiben in ihr eingesperrt – die lustigen, die traurigen, die fröhlichen und die schimpfenden.
Inzwischen hat sich die ganze Gruppe versammelt. Schnell hat sich die Nachricht von der stummen Frau Wiese herumgesprochen.
„Tut es doll weh?", fragt Christian.
Frau Wiese schüttelt den Kopf.
„Sie hat uns verstanden", bemerkt Andrea erleichtert.
„Hast du die Wörter verschluckt?", fragt Tim.

Frau Wiese nickt.
„Können sie aus deinem Mund nicht mehr raus?", fragt Silke.
Frau Wiese schüttelt den Kopf.
„Vielleicht kommen sie jetzt hinten raus", meint Tim.
Da lachen alle, auch Frau Wiese. Dann geht sie zum Schrank, holt einen Turnbeutel heraus und schaut hinein. Geheimnisvoll fasst sie an ihren Mund und stopft etwas Unsichtbares in den Turnbeutel. Die Kinder wundern sich.
„Die Wörter! Die Wörter sind es", ruft Tim.
Frau Wiese nickt.
„Sind deine Wörter in dem Turnbeutel versteckt?", fragt Tim.
Frau Wiese nickt wieder, fasst an Tims Mund und stopft seine Wörter dazu. Mit dem Zeigefinger verschließt sie Tims Mund und er versteht: Nun kann auch er nicht mehr sprechen.

Frau Wiese geht mit dem Turnbeutel zu allen Kindern und sammelt Wörter ein; alle deutschen, türkischen, italienischen und alle chinesischen. Sie dreht den Turnbeutel schnell durch die Luft und hängt ihn dann an einen Stuhl.
Jetzt ist Mischi-Maschi in dem Turnbeutel, denkt Silke.
Hält Frau Wiese nicht etwas in der Hand? Die Kinder schauen gespannt. Sie sagen nichts, fast nichts. Hat einer vergessen, dass alle Wörter eingesperrt sind, zeigt Frau Wiese auf den Turnbeutel. Dann öffnet sie ihre Hand und zum Vorschein kommt ein winziger Vogel zum Aufziehen. Behutsam, als wäre es ein echter Vogel, stellt sie ihn auf den Fußboden. Der kleine Vogel läuft und schlägt dabei mit seinen Flügeln. Frau Wiese geht hinter ihm her, so schnell oder so langsam wie er.
Als er schließlich stehen bleibt, zeigt sein Schnabel auf Andrea. Nun darf sie hinter dem Vogel herlaufen. Sie gibt Acht, dass sie nicht auf ihn tritt.

Danach bleibt der Vogel vor Gratia stehen. Gratia fliegt fast hinter ihm her. Sie bewegt ihre Arme so wie der kleine Vogel seine Flügel.
Jeder darf einmal hinter dem Vogel herflattern. Nachdem jedes Kind drangekommen ist, nimmt Frau Wiese den Turnbeutel, wühlt darin herum, stopft sich etwas in den Mund und schüttelt sich.
Und dann sagt sie: „Ich kann wieder reden!" Dann gibt sie Christian den Turnbeutel und fragt: „Willst du die anderen Wörter verteilen?"
Beinahe hätte Christian „Na klar" gerufen, aber schließlich nickt er nur und holt zuerst seine Wörter heraus. Dann geht er weiter im Kreis herum.
„Überlegt euch gut, welches Wort ihr zuerst aus eurem Mund herauslasst", rät er.
Viele lustige Wörter purzeln in den Gruppenraum.
Gratia zeigt auf den Vogel und fragt: „Heißt?"
„Vogel!", schreien einige Kinder gleichzeitig.
„Vogel", wiederholt Gratia und freut sich.
„Wir müssen uns noch viel mehr solcher Spiele ausdenken", sagt Silke, „Spiele ohne Wörter. Dann können immer alle mitmachen."
„Morgen", verspricht Frau Wiese.

Zwischendurch-Geschichten

Ich nenne dich Bienchen

Vor Saschas Tor sitzt eine dicke, rothaarige Katze.
„Wo kommst du denn her?", fragt Sascha. „Ich bringe dir Milch, warte hier."
Sascha holt den kleinen Napf, den Mama ihm geschenkt hat. Vorsichtig gießt er etwas Milch hinein.
„Ich würde dir gerne Kakao geben, aber vielleicht wirst du dann krank."
Die Katze schleckt die Milch aus. Kein Tropfen bleibt übrig.
„Komm mal zu mir. Hat es geschmeckt?", fragt Sascha.
Die rothaarige Katze kommt ein bisschen näher.
„Ich nenne dich Bienchen", sagt Sascha. „Gefällt dir das?"
„Miau!", macht die Katze und Sascha weiß sofort, dass das „Ja" heißt in der Katzensprache.
„Willst du bei mir bleiben?", fragt Sascha.
„Miau", sagt Bienchen.
„Soll ich dir mal mein Kinderzimmer zeigen?"
Doch Bienchen ist müde. Sie macht die Augen zu.
„Leider kenne ich kein Katzenschlaflied", sagt Sascha.
Bienchen blinzelt ihn an.

„Ich lade dich zu meinem Geburtstag ein, dann kannst du den Timi sehen. Das ist mein allerbester Freund."
„Miau", sagt Bienchen und räkelt sich. Sascha streichelt ihr über den Rücken.
„Du hast so ein schönes, weiches Fell", sagt er und krault ihr den Bauch. Aber da passiert etwas, womit Sascha nicht gerechnet hat. Mit der Pfote schlägt Binchen auf Saschas Arm und kratzt ihn mit ihren scharfen Krallen.
„Aua! Spinnst du?", schreit Sascha. „Du blödes Bienchen!" Sein Arm tut weh.
„Du bist ja ein Raubtier!", sagt er.
Bienchen läuft weg. Unter einem Strauch bleibt sie stehen.
Sascha ist wütend.
„Ich füttere dich nie mehr! Und zu meinem Geburtstag darfst du auch nicht kommen. Warum hast du das bloß gemacht?"
Sascha schaut sich den großen Kratzer an seinem Arm an.
„Mama, guck mal, was die doofe Katze gemacht hat!"
Mama pustet den Arm und streichelt Sascha über den Kopf.
„Gleich sage ich alle Schimpfworte zu Bienchen, alle die ich kenne!", sagt Sascha.
Er weint, denn tief in seinem Innern tut ihm etwas weh, viel mehr als sein Arm.
„Warum hat sie mich gekratzt, wo ich sie doch so lieb habe und sie nur streicheln wollte?"
„Ich glaube, sie hat sich erschrocken", sagt Mama.
Sascha überlegt.
„Vielleicht habe ich sie auch zu doll gestreichelt."

Ein neuer Freund

Bei Tina nebenan wohnen jetzt neue Leute. Tina wundert sich. Sie hat gar keinen Möbelwagen gesehen. Die neuen Leute waren plötzlich da. Auch ein Junge wohnt jetzt dort. Der Junge steht auf der anderen Seite der Straße und winkt. Tina winkt zurück und lacht. Da lacht der Junge auch.
„Komm doch mal rüber!", ruft Tina.
Barfuß kommt der Junge angerannt. Er klettert über den Zaun. Tina zeigt ihm ihre Schaukel, den Sandkasten und das Geheimversteck unter dem Busch. Tina und der Junge kriechen hinein.
Das Geheimversteck gefällt dem Jungen. Er findet es gemütlich. Dann holt er eine Flöte unter seinem Hemd hervor und spielt.
So eine Flöte hat Tina noch nie gesehen und noch nie gehört. Tina bleibt ganz ruhig sitzen und hört lange zu. Dann streichelt sie dem Jungen über den Arm. Der ist schwarz wie seine Beine und sein Gesicht.
„Du siehst schön aus", sagt Tina.
Da lacht der Junge ein bisschen.

„Mama", sagt Tina beim Mittagessen, „nebenan wohnt jetzt ein Junge. Er will mein Freund sein".
„Er will dein Freund sein?", fragt Mama.
„Ja", antwortet Tina.
Nach einer Weile sagt sie: „Der Junge ist traurig, weil seine Oma nicht hier wohnt."
„Spricht er denn Deutsch?", fragt Mama.
„Nein", sagt Tina. „Er hat es mir mit der Flöte erzählt."
„Wie heißt er denn?", fragt Mama.
„Das frage ich ihn morgen", antwortet Tina.

Keine Zeit zum Träumen

Am Kühlschrank klebt Lenas Kinderterminkalender. Lena und Mama haben ihn gebastelt. Mama hat geschrieben, Lena hat ausgeschnitten, angemalt und aufgeklebt.
Die Mickymaus ganz oben hat Lena besonders sorgfältig ausgemalt. Nur Mickys ausgestreckter Zeigefinger hat ein paar Fransen.
„Macht nichts", sagt Lena.
Montags soll Lena nun immer in die Musikschule gehen. Dienstags geht sie zum Kinderturnen. Mittwochs ist Schwimmkursus. Mama freut sich so sehr, dass sie für Lena einen Platz bekommen hat. Viele Kinder stehen noch auf der Warteliste. Donnerstags macht Lena im Kindergarten bei der Kochgruppe mit. Wenn Mama sie dort abholt, fahren sie zur Krankengymnastin.
„Lena muss viel turnen. Ihre Muskeln sind sehr schwach

und die Wirbelsäule ist ein bisschen schief", hat die Kinderärztin gesagt.

„Dann lernst du bestimmt auch bald, schön gerade zu laufen und watschelst nicht mehr wie ein Entchen", sagt Mama und lacht.

Freitagnachmittag hat Papa frei. Dann fahren Papa und Mama immer zum Großeinkauf. Lena muss mit. Meistens hat sie gar keine Lust dazu, denn im Supermarkt ist so ein Gedränge.

„Wir können dich doch nicht allein zu Hause lassen", sagt Mama.

„Doch!", sagt Lena. „Ich hab keine Angst!"

Aber Mama und Papa erlauben es nicht.

Samstags geht Lena mit Papa zum Tennisplatz. Papa hat Lena einen kleinen Tennisschläger gekauft.

„Da kannst du schon ein bisschen üben, damit du später mal eine gute Spielerin wirst", sagt er.

Das ist Lena egal. Tennis spielen findet sie langweilig. Der Ball kommt sowieso nie zu mir zurück, denkt sie.

Aber wenn Papa beim Tennis verliert, dann ärgert sich Lena. Sie drückt ihm doch immer so sehr die Daumen!

Als Papa Lenas Kinderterminkalender sieht, sagt er: „Der ist ja schlimmer als meiner."

„Meiner ist schöner", sagt Lena.

Papa hat in seinem Kalender nichts ausgemalt. Nur manchmal ist dort etwas mit einem roten Stift unterstrichen.

Einige Wochen später aber streckt Lena der Mickymaus die Zunge heraus.

„Ich finde dich ganz, ganz blöd", sagt sie. „Du bist schuld daran, dass ich überhaupt keine Zeit mehr zum Spielen habe! Bäh, du Blöde! Immer erinnerst du Mama daran, wo wir hinfahren müssen. Lach nicht noch!"

Lena nimmt ihren Stift und krickelt der Mickymaus über den Mund.

Heute ist Mittwoch. Mama packt das Badezeug in Lenas kleinen Rucksack.
„Ich habe Bauchweh", sagt Lena.
„Das wird gleich besser", antwortet Mama.
Aber Lenas Bauchweh geht nicht weg, es wird sogar schlimmer.
„Trödel nicht so herum, wir müssen uns beeilen", sagt Mama.
„Ich will nicht zum Schwimmkurs", sagt Lena.
„Das geht nicht, Lena. Du kannst nicht immer etwas anfangen und nicht zu Ende machen", sagt Mama streng.
Da merkt Lena, dass Quengeln heute keinen Zweck hat.
Mama holt die Autoschlüssel und ihre Tasche.
„Lena, komm!", ruft sie.
Aber da nimmt Lena ihren dicken Stift und streicht die Mickymaus durch.
„So!", sagt sie. Dabei bekommt der Kinderterminkalender ein ziemlich großes Loch.
Mama schiebt Lena zur Tür hinaus, schließt ab und holt das Auto aus der Garage. Als sie Lena im Kindersitz anschnallen will, ist Lena verschwunden.
„Lena!", ruft sie. „Leena!"
Aber Lena antwortet nicht. Sie hat sich ganz hinten im Garten versteckt. Im Schneckenhaus.
Aus dem Kindergarten hat sich Lena das Schneckenhaus aus Pappmaschee ausgeliehen. Auch Nina wollte es unbedingt haben, weil sie bei einem Theaterspiel die Schnecke war. Aber Lena und Nina haben sich geeinigt und wechseln sich ab.
Hier verstecke ich mich jetzt immer, wenn ich irgendwo hinfahren muss, denkt Lena. Hier findet mich Mama nie.

Lena macht sich ganz klein. Sie lauscht.
„Lena", ruft Mama.
Dann hört Lena, wie Mama mit dem Auto wegfährt. Lena krabbelt aus dem Schneckenhaus und kullert über die Wiese. Auf dem Rücken bleibt sie liegen und fühlt, wie warm die Sonne ist.
Lena liegt ganz still. Nichts an ihr und in ihr zappelt. Da kommen zwei Heupferdchen angehüpft und landen auf Lenas Bauch. Sie merken sofort, dass Lena Bauchweh hat, und springen sehr vorsichtig.
„Hallo, ihr beiden", sagt Lena. „Ich habe euch so vermisst. Schnell, holt die anderen. Dann machen wir wieder einen Springwettbewerb."
Die Heupferdchen springen weit in die Wiese hinein. Und wirklich, nach einer Weile kommen sie zurück und haben noch ein paar andere mitgebracht. Lena muss genau hinschauen, um sie zu erkennen. Sie haben eine Tarnfarbe und sehen so grün aus wie das Gras.
„Ich kann euch ja gar nicht mehr unterscheiden", sagt Lena. Sie hält einen Grashalm ganz ruhig in der Hand. Einem Heupferdchen gelingt es, darüber zu springen. Lena lacht. „Gut!", ruft sie und das Heupferdchen springt noch einmal. „Und jetzt ihr!" Lena spricht mit verstellter Stimme, die bestimmt so tief klingt wie die Stimme des Bademeisters. „Ihr müsst üben! Üben! Sonst schafft ihr nie das Seepferdchen! So wie Lena."
Dann muss Lena so sehr lachen, dass alle Heupferdchen wegspringen.
„Heupferdchen brauchen keine blöden Seepferdchen", sagt sie und macht einen Purzelbaum und bleibt auf dem Rücken liegen. Ein brauner Käfer krabbelt an Lenas Arm herauf. Er krabbelt so sanft, dass Lena es kaum spürt.
„Wer bist du denn?", fragt sie.

Der kleine, braune Käfer lässt sich nicht stören. Er krabbelt weiter.
Wie schnell er mit so winzigen Beinen laufen kann, denkt Lena.
„Du hast es gut, du musst nicht zur Krankengymnastik. Du kannst laufen, wie du willst, schief oder gerade."
Mit den Füßen zuerst kriecht Lena wieder in das Schneckenhaus. Nur ihr Kopf und die Füße schauen heraus. Lena macht einen Katzenbuckel und stützt sich auf den Armen ab.
Langsam kriecht die ziemlich große Schnecke über die Wiese. Sie blinzelt in die Sonne und muss niesen. Sie schnuppert an einem Gänseblümchen.
Ob das schmeckt, denkt sie.
Als ein Auto anhält, erschrickt die Schnecke. Sie zieht schnell ihren Kopf ein und bleibt unbeweglich stehen.
Doch Mama hat Lena schon entdeckt.
„Da bist du ja", ruft sie. „Ich habe dich überall gesucht."
„Aber in den Schwimmunterricht kann ich nicht gehen. Nie mehr!", sagt Lena.
„Warum denn nicht?", fragt Mama.
„Weil ich eine Schnecke bin", sagt Lena.
Mama sagt nichts. Sie geht nachdenklich ins Haus.
Sie hat gar nicht geschimpft, denkt Lena. Doch dann kriecht die Schnecke weiter. Sie hat noch einen weiten Weg vor sich.

Kängurutränen sieht nicht jeder

Müde und hungrig kommt Anne aus dem Kindergarten nach Hause. Sie öffnet die Tür ihres Kinderzimmers, sieht sich kurz um und schreit entsetzt: „Oh weia! Mama!"
Mama kommt erschrocken angestürzt, weil Anne so laut schreit.
„Mama, warum hast du so eine Unordnung gemacht?", fragt Anne.
„Unordnung? Wo ist denn hier Unordnung?" Mama ist ärgerlich. „Endlich sieht dein Zimmer wieder vernünftig aus. Das war doch nicht mehr auszuhalten. Alles lag auf dem Boden herum – wie in einer Räuberhöhle! Sei froh, dass du deine Sachen nun wieder finden kannst."
Sie geht in die Küche, nicht ohne Anne noch zu sagen, dass sie ihre Stiefel ausziehen soll und dass das Mittagessen gleich fertig ist.
Aber Anne ist sauer. Hunger hat sie keinen mehr. Wahrscheinlich nie mehr, denkt sie. Ich lege doch alle Sachen auf den Teppich, damit ich mit einem oder zwei Blicken sehe, wo sie sind. Mama und Papa verstecken alles in den Schubladen und Schränken und finden es nicht wieder. Papa sucht ganz oft seine Scheckkarte und Mama findet meistens den Autoschlüssel nicht.
Anne läuft in ihrem Zimmer herum.
„Alle meine Sachen sind weg", brummelt sie vor sich hin. „Wo ist das rosa Badeschaumschweinchen?"
Sie sucht im Regal. In der Kiste mit den Bauernhoftieren findet sie es schließlich. Aber gerade dahin darf es nicht. Die Tiere vertragen sich doch nicht. Immerzu gibt es Streit. Deshalb hat Anne dem rosa Badeschaumschweinchen erlaubt in Papas grünem Socken zu wohnen. Durch das kleine Loch an der Spitze kann es atmen, das große Loch an der

Verse, das Anne extra hineingeschnitten hat, ist ein Fenster.
Nun ist Papas Socken weg.
Wo ist die Maus? Die mit dem weichen Fell, die Anne bei Meikes Geburtstagsfeier gewonnen hat?
Auf der Fensterbank sitzt sie und friert. Dabei kuschelt sie sich am liebsten in Annes Schlafanzug, morgens, wenn er noch warm ist und nach Anne riecht, ganz hinten in der dunklen Ecke unter Annes Bett. Aber Mama hat den Schlafanzug gefaltet und unter Annes Kopfkissen gelegt. Da passt doch keine Maus mehr zwischen!
In der Spielzeugkiste liegt eingequetscht das Känguru. Es heult. Kängurutränen sieht nicht jeder, aber Anne sieht sie. Es will so gerne auf der Fensterbank sitzen und auf die Straße schauen. Da guckt es den Schülerlotsen zu, wie sie den Kindern über die Straße helfen. Annes Känguru möchte gerne einmal ein Kindergartenlotse werden. Morgens

würde es sich dann an die gefährliche Straße stellen und die Kindergartenkinder in seinem Beutel sicher hinübertragen. Natürlich eins nach dem anderen, damit der Beutel nicht ausleiert.
Anne setzt das Känguru auf die Fensterbank.
„Das kleine Karussell, wo ist mein kleines Karussell?"
Anne ist empört. Es war in einem Überraschungsei und sie hat es ganz alleine zusammengebaut. Unter einem Sitz ist ein Geheimknopf, mit dem Anne es größer und größer machen kann. Manchmal wird es so groß, dass ihre Tiere hineinpassen – und manchmal sogar sie selbst. Das klappt nur abends, eine Stunde vor Mitternacht, falls es ihr gelungen ist, wach zu bleiben.
Nur Wolfgang, Annes Freund, kennt dieses Geheimnis und er glaubt ihr.
„Oh nein, wo sind all die Bonbonpapierchen? Es waren bestimmt 100, auf jeden Fall aber mindestens zehn. Schmetterlinge sollten es werden!"
Anne wird immer trauriger, und als sie merkt, dass auch die Bäckertüte weg ist, hätte sie fast geheult.
„Hoffentlich hat Mama sie nicht in den Müll geworfen!"
In der Bäckertüte nämlich sind die weiße Feder und das Lied vom kleinen, weißen Vogel versteckt. Das Lied, das Papa und Mama nicht hören können, weil es ein Kinderlied ist. Es klingt viel schöner als Annes Spieluhr. Lässt Anne das Lied aus der Bäckertüte heraus, sind alle im Kinderzimmer mucksmäuschenstill.
Der Bär streckt den Puppen nicht mehr die Zunge heraus. Der Hampelmann ist nicht mehr traurig, obwohl seine Schnur gerissen ist und er nicht mehr hampeln kann. Das Krokodil traut sich wieder das Maul aufzureißen, denn es weiß, keiner lacht jetzt über seine abgebrochenen Zähne. Im Schneckenhaus dürfen Fliegen wohnen. Und der Feuerstein,

den Anne von Wolfgang bekommen hat, leuchtet heller als die Straßenlaterne.
Und im Bett hat Anne keine Angst. Auch dann nicht, wenn die Gardine gespenstisch wackelt.

Nun ist sie weg, die Tüte mit Feder und Lied. Traurig schaut Anne aus dem Fenster. Wo mag der kleine, weiße Vogel hingeflogen sein? Ob er noch einmal zurückkommt?
Ich lasse heute Nacht das Fenster auf, denkt Anne.
Erst als Mama das dritte Mal gerufen hat, geht Anne zu ihr in die Küche. Lustlos stochert sie in den Bratkartoffeln herum, die sie sonst so gerne mag.
Plötzlich hat sie die Idee!
„Mama", beginnt sie, „Mama, ich werde heute einmal deinen Schreibtisch aufräumen. Ich finde, er sieht abscheulich aus. Und dann werde ich Papas Zeitungen wegwerfen. Sie liegen herum wie Kraut und Rüben!"
Mama schaut Anne entsetzt an. Doch dann muss sie lachen.
Wütend schreit Anne: „Jetzt lachst du auch noch, du weißt gar nicht, wie schlimm das ist! Wo ist meine Bäckertüte? Wo sind die Bonbonpapierchen und wo ist Papas grüner Socken?"
Mama hört auf zu lachen.
„Aber, Anne, versteh doch. Ich muss doch mal sauber machen. Und alles kannst du doch unmöglich aufbewahren."
„Staub saugen und sauber machen, das kann ich schon alleine", erklärt Anne. „Du kannst mir höchstens ein bisschen dabei helfen!"
Damit ist Mama einverstanden.
„Vielleicht habe ich dann auch mehr Zeit meinen Schreibtisch aufzuräumen", meint sie.

Können Hexen lieb sein?

„Seht mal, der Jan wird von einer Hexe in den Kindergarten gebracht", schreit Christian aufgeregt.
Einige Kinder rennen zum Fenster.
„Tatsächlich, eine Hexe", staunt Annika.
Als die Tür aufgeht und Jan und die Hexe hereinkommen, starren die Kinder sie an.
„Tschüss, Jan, bis heute Mittag", sagt sie und lacht.
Annika bekommt eine Gänsehaut.
Die Hexe knotet ihr buntes Kopftuch fest, sodass die Kinder die tiefen Falten in ihrem Gesicht nicht mehr sehen können. Auf ihren Stock gestützt geht sie hinaus. Der lange braune Rock schleift fast auf dem Boden. Sogar einen Buckel hat sie – wie bei Hänsel und Gretel.
„Bestimmt sitzt manchmal eine schwarze Katze auf ihrer Schulter", meint Annika.
„Hast du denn keine Angst?", fragt Christian den Jan.
„Angst, wieso denn Angst?", fragt Jan zurück.
„Na, vor der Hexe", bohrt Silke weiter.
„Das ist doch Frau Mertens", lacht Jan. „Sie wohnt bei uns nebenan. Und wenn sie mich nicht gebracht hätte, wäre ich heute nicht in den Kindergarten gekommen. Die nächsten Tage auch nicht. Meine Mama ist nämlich im Krankenhaus. Es dauert mindestens zwei Wochen, hat der Arzt gesagt."
Jan wohnt in der Hochhaussiedlung hinter der Hauptstraße. Der Verkehr dort ist sehr stark, und da es keine Ampel gibt, ist es für Kinder beinahe unmöglich, die Straße alleine zu überqueren.
Am Ende dieser Siedlung steht das kleine Knusperhaus von Frau Mertens. In ihrem verwilderten Garten, der dazugehört, darf Jan spielen.
„Viele gute Verstecke gibt es dort – sogar einen Kirschbaum

und einen Apfelbaum", schwärmt Jan. „Frau Mertens hat gesagt, dass früher alle Leute in der Siedlung so einen tollen Garten hatten. Da hätte es aber noch nicht die Hochhäuser gegeben, diese scheußlichen Wolkenkratzer mit den vielen Menschen."
„Früher war alles anders, hat meine Oma gesagt", erzählt Silke.
„Das stimmt. Frau Mertens hat mir erzählt, dass die Kühe bis ans Haus gekommen sind. Eine hat sogar einmal bei ihr durch das Küchenfenster geguckt."
Die Kinder lachen.
„Aber es gab auch keine Autos", wendet Tim ein.
„Na und? Deshalb konnten die Kinder überall spielen", sagt Jan. „Geschäfte und Kindergärten gab es auch nicht", erzählt er weiter.

„Wo haben die Leute denn eingekauft?", will Annika wissen. Doch das weiß Jan auch nicht.
Mittags, als Frau Mertens wieder kommt, flüstert Tim: „Wie alt ist sie wohl?"
„Bestimmt 100", meint Annika.
„Eigentlich könnte sie uns doch mal erzählen, wie früher alles war. Wo sie eingekauft hat und von den Kühen und so", überlegt Tim.
„Super Idee!" Annika rennt begeistert zu Frau Wiese. Und Jan wird beauftragt mit Frau Mertens darüber zu sprechen.
„Gerne komme ich zu euch in den Kindergarten", sagt Frau Mertens. „Das ist für mich eine schöne Abwechslung. Seit mein Mann tot ist, fühle ich mich sehr einsam."

Am nächsten Tag kommt Frau Mertens. Unter ihrem Arm trägt sie eine Tapetenrolle. Die Kinder sind ganz aufgeregt.
„Vielleicht ist sie aber doch eine Hexe…", zweifelt Annika.
„Sie sieht nun mal so aus."
Frau Mertens lässt sich die Spiele erklären, schaut die Bilderbücher an und interessiert sich sehr für die Verkleidungsecke.
„Solche Sachen braucht ihr?", fragt sie. „Da schenke ich euch noch ein paar alte Hüte, mit Blumen und bunten Sachen oben drauf. Ich trage sie doch nicht mehr."
Ein tolles Angebot! Die Kinder jubeln.
Nun wollen sie aber wissen, aus welchem Grund Frau Mertens die Tapetenrolle mitgebracht hat. Sie stellen einen Stuhlkreis und setzen sich mucksmäuschenstill hin.
„Wie weit könnt ihr schon zählen?", fragt Frau Mertens.
„Bis 1000", sagt Christian.
„Angeber, bis 100", sagt Tim.
„Ich kann bis 32", meint Silke.
„Na, passt einmal gut auf."

Frau Mertens macht ein geheimnisvolles Gesicht. Dann klebt sie mit Frau Wiese die Tapetenrolle quer an die Wand. „So", sagt sie, „jetzt male ich Kreuzchen auf die Tapete und ihr zählt dabei. Eins, zwei, drei und so weiter."
Die Kinder zählen. Völlig aus der Puste sind sie bei 47 – 48 – 49 angekommen. Aber es geht immer noch weiter.
Frau Mertens malt Kreuzchen neben Kreuzchen. 85 – 86 – 87, und dann malt sie nur noch ein halbes und hört auf. Sie ist an der anderen Seite der Wand angekommen.
„Ich wollte euch einmal zeigen, wie viel Jahre ich alt bin. Ich bin 87 Jahre alt und bald werde ich 88! Da staunt ihr, was?"
Die Kinder staunen wirklich.
„Das sind ja fast 100!", ruft Christian.
„Ob ich 100 werde, das weiß ich nicht", lacht Frau Mertens. Dann malt sie unter ihre Kreuzchen eine kurze Reihe mit 28 Stück für Frau Wiese, dann sechs, fünf und vier für die Kinder in der Gruppe. Ganz zum Schluss malt Frau Mertens drei für den kleinen Thomas. Er kann gar nicht verstehen, warum er nur so wenig bekommt.

An diesem Tag erzählt Frau Mertens viele interessante Dinge: wie die Leute früher ihre Wäsche gewaschen haben, ohne Waschmaschine, wie sie Brot gebacken haben und welches Spielzeug die Kinder hatten.
Das ist spannend und die Kinder hören aufmerksam zu.
„Du musst unbedingt wieder kommen und uns noch viel mehr erzählen", bittet Christian.
„Und mit uns spielen und basteln und turnen und singen", rufen alle durcheinander.
„Das tue ich gerne", sagt Frau Mertens, „aber beim Turnen schaue ich lieber zu; ich bin schon ein bisschen steif geworden."
„Frau Mertens", Annika schaut sie ernst an, „meine Mama

schmiert sich immer so eine Creme ins Gesicht, damit die Falten weggehen. Soll ich dir davon ein bisschen mitbringen?"

Frau Mertens muss so sehr lachen, dass ihr die Tränen in und über ihre tiefen Falten kullern.

„Nein, Kind", lächelt sie dann, „das ist lieb gemeint von dir, aber bei mir nützt das nichts mehr. Schau, diese Rillen haben sich über 88 Jahre hinweg eingegraben. Sie kommen vom Lachen, vom Weinen, vom Wütendsein und vom Nachdenken. Heute ist bestimmt eine neue dazugekommen. Stell dir mal vor, die wären plötzlich weg! Ich würde mich doch gar nicht wieder erkennen, wenn ich in den Spiegel schaue."

Mittags schenken die Kinder Frau Mertens ihre gebastelten Vögel, die sie eigentlich mit nach Hause nehmen wollten.
Frau Mertens kommt von jetzt an oft in den Kindergarten.
Sie wird eine richtige Kindergartenoma.

Keiner will der Bürgermeister sein

„Wir brauchen einen Bürgermeister", sagt Maren. Alle Kinder sind ratlos. Niemand will der Bürgermeister sein. Und weil keiner der Bürgermeister sein will, können sie ihr Theaterstück nicht spielen.
„Ich bin auf jeden Fall der Schmetterling", sagt Andrea. Sie schwingt mit den Armen und tanzt durch den Raum, dabei summt sie leise. „Meine Oma näht mir das Kostüm aus schöner gelber Seide."
„Der Bürgermeister ist der Wichtigste in dem Stück", sagt Maren.
Einige Kinder nicken.
„Er ist der Doofste!", sagt Simon.
„Das stimmt", antwortet Maren, „aber ohne Bürgermeister geht es nicht."
„Wenn wir keinen finden, dann müssen wir doch die Kleinen mitspielen lassen", sagt Maren.
„Beim Abschiedsfest der Vorschulkinder? Einen Babybürgermeister?!" Gregor lacht spöttisch.
Maren sieht Silke an. „Du vielleicht?"
„Wir sind die Bäume", sagt Silke und fasst Bastian und Johanna an. Sie bewegen sich wie im Wind. Sie strecken die Arme wie Äste in die Luft und spreizen die Finger wie kleine Zweige. Nur den Kopf lassen sie hängen.
„Ihr seht aus, als würdet ihr gleich anfangen zu heulen", sagt Gregor.
„Tun wir auch. Du weißt doch, dass uns der blöde Bürgermeister abholzen will, dass er den ganzen Wald zerstören will!", sagt Johanna.
„Huh, huh, hu – u – hu!", macht Anne.
Sie wirft die Arme immer wieder in die Luft und geht an den Bäumen vorbei.

„Spinnt die?", fragt Gregor und lacht.
„Nein, sie ist doch die alte Frau, die jammert, weil der Wald weg soll", sagt Maren.
„Ja", sagt Anne. „Ich bin traurig, weil die Vögel dann nicht mehr wissen, wo sie ihre Nester bauen können. Weil dann das Vogelkonzert aufhört, so als würde man dir den Kassettenrekorder ausschalten."
Da hört Gregor auf zu lachen.
„Ich bin der Frosch, der sich noch schnell in Sicherheit bringt", sagt Andreas und macht zwei große Sprünge.
„Und ich der Tausendfüßler", sagt Marina. „Wir nähen zu Hause schon mein Kostüm."
„Mit tausend Füßen?", fragt Gregor.
„Mit tausend Füßen! Alle helfen mit. Meine Mama, meine Oma, meine Tante und meine große Schwester."
„Tausend, das glaub ich nie!", sagt Gregor.
Simon kommt das auch komisch vor, aber er sagt es nicht.

„Michel, du könntest doch der Bürgermeister sein. Du hast doch so ein Karnevalskostüm, eine Weste und einen Zylinder. Das würde doch sehr gut zum Bürgermeister passen", schlägt Simon vor.
„Nein!", sagt Michel. „Die Sachen kannst du geliehen haben. Ich bin die Maus. Nie würde ich einen Wald zerstören."
„Und du, Gregor?", fragt Maren. „Du willst doch sonst immer der Bestimmer sein."
„Nein, ich nicht", sagt Gregor.
„Und warum nicht?", fragt Maren.
„Weil der Bürgermeister keine Freunde bat", sagt Gregor.
„Nina, willst du nicht?", fragt Silke.
„Ach, die doch nicht", knurrt Gregor.
„Ich will auch gar nicht", sagt Nina. „Ich bin nämlich die Schnecke."
Das war Annes Idee gewesen. Nina hatte ihr verraten, dass sie große Angst vor dem Theaterspielen hat.
„Ich traue mich nicht, auf der Bühne herumzulaufen, wenn so viele Eltern zuschauen."
„Im Schneckenhaus kannst du dich doch prima verkriechen und die Eltern merken es nicht", hatte Anne gesagt.
„Ach, ist das schwierig, einen richtigen Bürgermeister zu finden", sagt Andreas.
„Ich hab's!", schreit da plötzlich Michel.
Alle sind gespannt.
„Ich frage meinen Vater, ob er es macht. Der wollte schon mal Bürgermeister werden. Aber ein richtiger."
„Das finde ich ungerecht", sagt Anne. „Vielleicht will dann auch noch eine Oma mitspielen und die alte Frau sein. Und ich habe für die Rolle so einen tollen, langen Rock und eine Perücke."
„Außerdem soll unser Stück für alle Eltern eine Überraschung werden", sagt Silke.

„Was bist du eigentlich, Gregor?", fragt Andreas.
„Der Hase", antwortet Gregor.
„Und du, Maren?"
„Ich bin der Fuchs", sagt Maren.
„Und Simon?"
„Ich bin der Käfer."
„Dann bleiben nur noch Katja, Philipp und Miriam übrig. Was seid ihr?", fragt Andreas.
„Bäume", sagen die drei.
„Was machen wir bloß?", fragt Maren und schaut Frau Wiese an. „Du vielleicht?", fragt sie.
Aber Frau Wiese schüttelt den Kopf.
„Ich muss mich um die Musik kümmern", sagt sie.
Da sagt auf einmal Johanna: „Ich bin der Bürgermeister."
„Du?", fragt Gregor. „Erst willst du ein Baum sein, der abgeholzt wird. Und nun der Bürgermeister, der so etwas macht?"
„Ja", sagt Johanna. „Ich habe es mir eben anders überlegt. Man kann doch mal seine Meinung ändern, oder?"
„Endlich! Endlich haben wir einen!", sagt Maren.
„Eine Bürgermeisterin", sagt Michel.
Alle sind erleichtert. Jetzt kann es losgehen.
Die Kinder üben ihre Texte und ihre Tänze. Sie kümmern sich um ihre Kostüme und malen ein wunderschönes Bühnenbild. Im Freizeitpark, auf der großen Bühne unter dem gelben Dach, wollen sie das Stück aufführen.
Tagelang regnet es. Aber alle drücken die Daumen für schönes Wetter. Und an dem großen Tag scheint wirklich die Sonne. Die Kinder sind sehr aufgeregt, aber sie freuen sich.
Andreas übt noch einmal seine Froschsprünge, Gregor hoppelt wie ein Hase und macht Männchen vor Silke. Die aber klebt ihm eine, weil sie es doof findet. Andrea fliegt in ihrem gelben Seidenkostüm wie ein Schmetterling.

„Ich bin ein Schmetterling", sagt sie.
Nur Marina sitzt auf einem dicken Stein am Rand und heult.
„Was ist mit dir los?", fragt Maren.
„Ach nichts", sagt Marina. „Ich spiele nicht mit."
„Warum denn nicht?", fragt Maren. „Weil, weil …"
Sie schluchzt immer heftiger.
„Ich habe euch angeschmiert. Ich habe gar kein Kostüm."
Gregor steht daneben und grinst.
Gerade, als er etwas sagen will, zischt Maren ihm zu: „Wehe, sagst du was!"
„Meine Mama hat mir nicht geglaubt, dass ich ein Tausendfüßler bin", sagt Marina und ist froh, dass sie es endlich gesagt hat.
„Oh weh, was machen wir jetzt? Wo doch die Eltern schon auf den Zuschauerplätzen sitzen", sagt Maren.

„Ich hab eine Idee", sagt Silke. „Komm einfach mit in mein Baumkostüm. Dann sind wir beide zusammen eben ein dicker Baum."
„Ehrlich?", fragt Marina.
„Ja, mach schnell. Du musst aber genau aufpassen, was ich mache. Das musst du dann nachmachen, damit niemand etwas merkt."
Das Stück beginnt. Die Eltern klatschen immer wieder, weil es ihnen so gut gefällt.
Wenn ich doch immer so ein Schneckenhaus hätte, denkt Nina und räkelt sich unter dem Berg von Pappmaschee.
Nach einiger Zeit ergreift die Traurigkeit der Bäume, der Tiere und der alten Frau auch die Zuschauer.
Doch bevor Frau Wiese das große Klagelied des Waldes auf dem Kassettenrekorder laufen lässt, geht Johanna in die Mitte der Bühne. Sie ruft laut: „Halt!"
Es wird ganz still.
„Ich habe meine Meinung geändert. Weil die anderen Recht haben. Zum Glück habe ich es noch früh genug gemerkt. Der Wald bleibt!"
Johanna geht zurück zu den Bäumen und Tieren. Und dann kommt donnernder Applaus von den Zuschauern. Der Wald lacht und alle freuen sich über die gute Idee der kleinen Bürgermeisterin.

Familiengeschichten

Was ich mir wünsche, kann man nicht malen

Am Fenster im Gruppenraum kleben die ersten Sterne aus Transparentpapier und Tonpappe. Sie leuchten nach draußen. Auf dem Frühstückstisch steht eine dicke, rote, brennende Kerze. Michael durfte sie heute anzünden. Die Kinder haben beschlossen sich dabei abzuwechseln, damit jeder einmal drankommt.
Die Kerze riecht gut, sie riecht schon ein bisschen nach Weihnachten. Alle Kinder sitzen an den Tischen und malen mit Wachsmalstiften. Sie malen ihre Wunschzettel für Weihnachten.
Es ist still im Gruppenraum. So still wie selten. Ganz besonders schön wollen alle malen. Frau Wiese geht leise herum, schaut zu und manchmal hilft sie ein wenig.
Und plötzlich hören es alle.
Jemand weint.
Die Kinder sehen sich verwundert um. Beim Wunschzettelmalen weinen? Nanu, wer ist das denn?
Katrin ist es, Katrin weint.
Schnell geht Frau Wiese zu ihr: „Aber, Katrin, was ist los?"
Doch Katrin kann nicht sprechen; mit den Tränen kullern auch die Wörter fort. Sie kuschelt sich in Frau Wieses Arm. Ziemlich lange dauert es, bis sie sich beruhigt. Die Kinder stehen ratlos um sie herum.
Keiner lacht.
Keiner sagt „Heulsuse".
Denn Katrin heult nicht, sie weint, und das ist viel schlimmer.
Gesa streichelt ihr über den Arm. Nach einer Weile sagt Katrin: „Was ich mir wünsche, das kann man nicht malen."
„Was ist es denn? Ich helf dir", sagt Christian bereitwillig.
„Ich kann Autos malen und – Puppen."

„Ist es ein Bügeleisen oder ein Staubsauger, oder sind es Legos? Dann helf ich dir", sagt Tim, denn das wünscht er sich.
„Vielleicht Ohrringe?", fragt Stefanie. „Die gehen schwer, weil sie so klein sind."
Katrin schüttelt immer nur den Kopf. Aber – sie hat aufgehört zu weinen.
„Ich wünsche mir, dass meine Oma wiederkommt", sagt Katrin leise.
„Mensch, dann ruf sie doch an! Oder hat sie kein Telefon?", fragt Christian.
„Das geht nicht. Meine Oma ist tot", flüstert Katrin.
Einen Moment lang ist es still und dann sagt Stefanie: „Dann kann sie nicht wiederkommen."
Die anderen nicken.
„Voriges Jahr Weihnachten war sie noch da. Da bin ich ganz alleine mit ihr zum Weihnachtsmarkt gegangen."
„Meine Oma ist auch tot", sagt Christian. „Sie war sehr krank. Als sie gestorben ist, waren wir alle sehr traurig. Ich habe geweint. – Meine Mama und mein Papa auch."
„So war es bei uns auch", sagt Nadine.
„Mein einer Opa ist auch tot", erzählt Tim. „Schon ganz lange, da war ich noch nicht auf der Welt. Nun lebt er im Himmel. Ich habe aber noch einen Opa."
„Ich habe sechs oder sieben Omas", prahlt Marc.
Das stimmt natürlich nicht. Aber Marc will immer mehr haben als die anderen, deshalb gibt es oft Streit mit ihm.
„Mein Opa hatte gerade Geburtstag, er ist 88 Jahre alt geworden", erzählt Gesa. „Vielleicht ist es mein letzter Geburtstag, hat er gesagt."
Alle sehen Gesa an.
Nach einer Weile sagt Stefanie: „Meine Oma ist im Krankenhaus. Sie hat Krebs. Ich habe Angst, dass sie stirbt."
Frau Wiese nimmt Stefanie neben Katrin auf den Schoß und

beginnt: „Meine Mutter ist auch tot. Sie hatte Krebs. Sie hatte ganz große Schmerzen, alles tat ihr weh. Ich glaube, dass sie jetzt bei Gott ist und dass es ihr viel besser geht als hier auf der Erde. – Ich freue mich darüber, dass ihr nichts mehr weh tut. Manchmal bin ich sehr traurig, weil ich nicht mehr mit ihr sprechen kann. Mir fällt oft etwas ein, was wir zusammen gemacht haben. Dann denke ich an sie. Das ist sehr schön."

Es entsteht eine Pause und dann sagt Gesa: „Ich wünsche mir, dass ich zu Gott komme, wenn ich einmal sterbe."
Mucksmäuschenstill ist es im Gruppenraum.
Die Kinder hören, wie draußen der Müllwagen vorbeifährt.
„Katrin, willst du uns vom Weihnachtsmarkt erzählen?", fragt Frau Wiese.
„Ja", sagt Katrin und erzählt, wie sie einen roten, klebrigen Apfel gegessen hat, wie er in den Haaren kleben blieb und wie Oma die Haare wieder abgemacht hat, ohne zu schimp-

fen. Und wie Oma Glühwein getrunken hat und dann ganz lustig war. „Alle Sachen auf dem Weihnachtsmarkt haben wir uns lange angesehen. Oma hatte genauso viel Zeit wie ich, nicht mehr und nicht weniger."
„Meine Oma hat nie Zeit. Sie sagt immer: ‚Komm beeil dich'", berichtet Tim.
„Bevor wir nach Hause gingen, hat Oma mir einen silbernen Herzluftballon gekauft. ‚Halte ihn gut fest, sonst fliegt er bis zum Himmel', hat sie gesagt. Und nun ist sie selbst im Himmel."
„Stimmt das?", fragt Christian.
„Ich glaube schon", sagt Frau Wiese.
„Wünschst du dir sonst nichts?", fragt Christian.
„Nein", antwortet Katrin.
Gesa legt ihren Arm um Katrin und sagt leise, damit es die anderen Kinder nicht hören können:
„Ich gebe dir ein Stückchen von meiner Oma ab."
Überrascht schaut Katrin sie an.
„Na, ich meine eine Hand. – Ich frage meine Oma, ob sie mit uns auf den Weihnachtsmarkt geht."
„Au ja!" Katrin freut sich.
„Dann fragen wir sie, ob sie uns silbrige Herzluftballons kauft", überlegt Gesa.
„Aber diesmal lasse ich den Luftballon los, damit er in den Himmel fliegt", sagt Katrin.
„Häng einen Zettel dran und schreibe drauf: VON KATRIN."

Zum Wunschzettelmalen haben die Kinder jetzt keine Lust mehr. Sie ziehen ihre Anoraks an und gehen mit Frau Wiese auf den Spielplatz.
Gesa und Katrin halten sich fest an der Hand.

Ein Meckerziegenbock wird Opa

„Den Ball kriegen wir nie wieder", sagt Christof zu Michael. In hohem Bogen ist der Lederfußball in Opa Hedrichs Garten geflogen.
„Und der Ball gehört noch nicht einmal mir, sondern meinem Bruder." Christof ist verzweifelt.
„Er kann doch nicht einfach den Ball behalten", meint Michael.
„Doch, er kann! Keinen einzigen rückt er wieder raus, der blöde Meckerziegenbock!"
„Wir können doch klingeln und fragen", schlägt Michael vor.
„Der macht nicht einmal auf!" Christof weiß das.
Michael klingelt, aber Christof behält Recht, Opa Hedrich macht die Tür nicht auf. Als aber Michael versucht über den Zaun zu klettern, da öffnet Opa Hedrich das Fenster und droht: „Hau ab, Bürschchen! In meinem Garten hast du nichts zu suchen!"
„Gemeinheit", knurrt Michael und rennt hinter Christof her.
Ratlos hocken sich die beiden Jungen auf den Bürgersteig.
Als kurz darauf Opa Hedrich mit seinem Fahrrad ankommt, verstecken sie sich.
„Wir holen uns den Ball gleich", flüstert Michael.
Opa Hedrich fährt langsam an den beiden vorbei, da packt Christof die Wut und ein bisschen Rache ist auch dabei.
„Mecker-Mecker-Ziegenbock!", ruft er.
Opa Hedrich bremst scharf, verliert das Gleichgewicht und stürzt.
„Wenn ich euch erwische!", droht er und reibt sein Fußgelenk.
Aufstehen kann Opa Hedrich nicht, er stöhnt ein wenig.
„Komm, wir hauen ab", flüstert Christof Michael zu.
„Das können wir nicht machen, wir müssen ihm helfen".

Sie trauen sich aber nicht hin zu Opa Hedrich, deshalb laufen sie zu Christofs Mutter und erzählen ihr, was geschehen ist.
„Hoffentlich ist dem alten Mann nichts passiert!" Christofs Mutter rennt los. Als sie dann Opa Hedrichs Fuß sieht, ruft sie sofort den Krankenwagen.
Am nächsten Tag erfahren alle Kinder aus der Straße, dass Opa Hedrich das Fußgelenk gebrochen hat und im Krankenhaus liegt. Einige Kinder grinsen schadenfroh, aber Christof und Michael haben ein furchtbar schlechtes Gewissen.
„Wir wollten nicht, dass er sich weh tut", erzählen sie im Kindergarten, „wir wollten ihn nur ein bisschen ärgern, weil er uns den Ball nicht wiedergeben wollte."
Aus dem Kindergarten kennen einige Kinder Opa Hedrich. Sie erzählen Schauergeschichten über ihn.
„Und nicht einmal lachen darf man vor seiner Tür. ‚Es ist Mittagsruhe!', brüllt er dann."

„Immer meckert er: ‚Fass den Zaun nicht an! Rupf die Blätter nicht ab! Wirf das Papier nicht in den Garten!'"
„Und das Schlimmste ist, dass er die Bälle behält. Er hat bestimmt den ganzen Keller voll", vermutet Christof.
„So kann das doch nicht weitergehen", überlegt Frau Wiese.
Die Kindergartenkinder beratschlagen, was sie tun können. Und dann entscheiden sie sich dafür, mit Opa Hedrich Frieden zu schließen. Christof und Michael sollen ihn im Krankenhaus besuchen und sich entschuldigen.
„Aber nur, wenn du mitgehst, Frau Wiese", meint Christof.

Die beiden Jungen kommen sich ziemlich mutig vor, als sie mit einem komischen Gefühl im Bauch das Krankenzimmer von Opa Hedrich betreten.
Sehr blass und sehr alt und sehr einsam sieht er in dem weißen Bett aus. Ein Bein ist eingegipst und hängt in einem Gestell. Opa Hedrich ist überrascht, dass er Besuch bekommt.
„Wir möchten uns entschuldigen, Opa Hedrich", sagt Christof leise.
„Ehrlich, es tut uns Leid", fügt Michael schnell hinzu.
Aber Opa Hedrich beachtet die beiden Jungen nicht einmal. Er lächelt Frau Wiese an und zeigt auf den Stuhl neben seinem Bett: „Nehmen Sie Platz."
Meckerziegenbock, denkt Christof. Seine Entschuldigung ist ihm schwer gefallen und nun sagt Opa Hedrich nichts dazu.
„Jahrelang geht dieser Ärger mit den Kindern schon", erzählt Opa Hedrich. „Die kleinen lernen es von den großen. Manchmal habe ich schon überlegt wegzuziehen. Aber wohin? Ich habe doch niemanden mehr. Und hier bin ich in der Nähe des Friedhofs. Da liegt meine Frau und ich kann mit dem Fahrrad hinfahren."

Opa Hedrich macht eine Pause, das Reden strengt ihn an.
„Mein Garten ist doch alles, was ich habe. Es fällt mir schwer, die Pflanzen und Sträucher zu versorgen. Immer werfen die Kinder Papier und Dosen hinein. Mein Rücken ist kaputt und ich kann mich so schlecht bücken."
Michael schaut Christof an und denkt: Ein bisschen hat Opa Hedrich Recht.
„Mittags bin ich so müde, dass ich schlafen muss. Und genau dann machen sie den größten Krach, meistens direkt unter meinem Fenster. – Könnt ihr nicht woanders spielen?", fragt er Michael und Christof barsch.
„Nein!", motzt Christof wütend. „Das sagen immer alle!"
„Da sehen Sie, wie frech die Kinder sind." Dabei schaut Opa Hedrich Frau Wiese an.
„Herr Hedrich, wir sind gekommen, um mit Ihnen Frieden zu schließen. Hören Sie bitte einmal zu, was die Kinder Ihnen sagen wollen."
Durch Frau Wiese ermutigt erklärt Christof: „Nur auf der kleinen Wiese neben Ihrem Haus können wir Fußball spielen. Wir haben sonst keinen Platz, überall sind doch Häuser gebaut worden."
„Und unsere Bälle fallen aus Versehen in Ihren Garten", fährt Michael dazwischen.
„Nur mit den Dosen und dem Papier, das stimmt. Das machen wir extra", etwas leiser fügt Christof dann hinzu, „weil Sie uns die Bälle nicht wiedergeben."
Opa Hedrich hört zu und verzieht das Gesicht.
„Tut Ihr Bein weh?", fragt Michael.
„Es geht, der Gips ist unbequem. Aber mein Rücken tut weh."
„Sollen wir Ihnen im Garten etwas helfen?", fragt Christof.
„Wir sind stark!", sagt Michael.
Opa Hedrich schaut die beiden nachdenklich an.

„Und mittags können Sie doch ein Schild ins Fenster hängen, dann denken wir dran, dass Sie schlafen wollen. Wir vergessen das nämlich immer, weil wir mittags nicht müde sind", erklärt Christof.

„Oder wir basteln Ihnen eine Schlafmütze als Geheimzeichen, dann müssen Sie nicht mehr meckern", schlägt Michael vor.

„Das werde ich mir alles einmal überlegen", verspricht Opa Hedrich, als sich Frau Wiese und die beiden Jungen verabschieden wollen.

„Wie heißt ihr eigentlich?", fragt er noch.

„Ich heiße Christof."

„Und ich bin der Michael."

„Sagt mal, könnt ihr mir vielleicht etwas auf meinen Gips malen?"

„Na klar!" Christof ist begeistert. Bei der Stationsschwester holen sie schnell Buntstifte und dann malen sie, so schön sie können.

Mit der Sonne von Christof und dem Baum von Michael auf seinem Gips fängt Opa Hedrich an ein Kindergartenopa zu werden.

Als Michael und Christof in der Kindergruppe von Opa Hedrich erzählen, wollen ihn alle im Krankenhaus besuchen. Sie wechseln sich ab und für alle Kinder steht fest, dass Opa Hedrich nicht mehr geärgert wird.

So bekommt Opa Hedrich jeden Tag ein paar Bilder mehr auf seinen Gips. Nach einigen Wochen wird er aus dem Krankenhaus entlassen und schon am nächsten Tag humpelt er in den Kindergarten.

Bälle bringt er mit – Gummibälle, Lederbälle, große, kleine. Und die Schlafmütze, die ihm Michael versprochen hat, die will er abholen.

„Das tut mir weh!"

Heute kommt Katharinas Uropa zu Besuch. Katharina freut sich. Uropa macht immer Spaß und Quatsch mit ihr.
„Du bist der lustigste Uropa der Welt", sagt Katharina.
Uropa kann krähen, fast wie ein echter Hahn. Bellen, fast wie ein echter Hund. I-a sagen, fast wie ein echter Esel.
„Bald kann ich blubbern wie ein echter Fisch", sagt er und fängt an zu blubbern.
Katharina macht alles nach.
„Kikeriki! Wau, wau! I-a, i-a! Blub – blub!"
„Und jetzt rückwärts", sagt Uropa.
„Blub – blub! I-a, i-a! Wau – wau! Kikeriki!"
„Und nun ganz schnell: Kikeriki! Wau – wau! I-a – i-a! blub – blub!"
Katharina kann es fast so schnell wie Uropa. Sie muss lachen und kann gar nicht mehr damit aufhören.
Doch dann macht Uropa etwas, das findet Katharina nicht schön.
Mit seinen Händen rubbelt er ganz schnell und heftig Katharinas Ohren. Das tut weh! Und es ist ein blödes Gefühl.
Katharina lacht nicht mehr. Ob Uropa böse ist, wenn ich es ihm sage?, überlegt sie.
Aber dann traut sie sich.
„Uropa, ich muss dir etwas sagen. Was du da eben mit meinen Ohren gemacht hast, das will ich nicht. Das tut mir weh!"
Uropa sieht Katharina böse an.
„Das tut weh?", fragt er brummig.
„Ja", sagt Katharina.
Uropa guckt immer noch böse.
Ob er jetzt nie mehr Quatsch mit mir macht?, denkt Katharina.

Uropa nimmt seine Zeitung und blättert darin herum. Nach einer Weile sagt er:
„Weh tun will ich dir nicht, Katharina."
„Komm, wir spielen wieder", sagt Katharina.
Und Uropa und Katharina blubbern, bellen und krähen und i-a-hen, fast wie echte Fische, Hunde, Hähne und Esel.

Ihr seid geschieden – nicht Opa und ich!

„Opa!", schreit Oliver und klettert, so schnell er kann, über den Gartenzaun des Kindergartens. Er rennt in die weit ausgebreiteten Arme seines Opas.
„Opa", stammelt er und klammert sich an Opas Hals.
Die Kindergartenkinder schauen von Frau Wiese zu Oliver und von Oliver zu Frau Wiese. Alle wissen, dass sie nicht über den Zaun klettern dürfen.
Frau Wiese sieht ebenfalls zu Oliver hinüber, aber sonst tut sie nichts. Die Kinder wundern sich. Das verstehen sie nicht. Aber dann spielen alle weiter.
„Ich habe dich so lange, so lange nicht gesehen, Opa. Warum hast du mich nicht besucht?"
„Ach Oliver, ich bin sehr traurig darüber. Aber ich darf dich nicht besuchen, deine Mama hat es verboten."
Mit einem Satz springt Oliver von Opas Armen herunter.
„Dann hat Mama gelogen! Sie hat gesagt, dass du mich nicht besuchen willst!"
„Das stimmt nicht, Oliver, ich darf dich nicht besuchen, deine Mama will es nicht", wiederholt Opa.

Opa setzt sich an den Rand der Fußballwiese und Oliver hockt sich neben ihn.
„Ich will dich aber besuchen, Opa, bitte", bettelt Oliver.
Opa schüttelt traurig den Kopf.
„Es geht nicht, wirklich nicht. Vielleicht überlegt es sich Mama noch einmal. Wir müssen Geduld haben."
„Nimm mich doch einfach mit, Opa! Wenn der Kindergarten zu Ende ist, bringst du mich zurück, das merkt Mama nicht." Oliver sieht Opa beschwörend an. Opa streicht Oliver liebevoll über den Kopf: „Nein, das machen wir nicht."
„Wie geht es Dusty?", fragt Oliver nach einer Weile.
„Gut, gut", und Opa erzählt, was Dusty, sein kleiner, frecher Mischlingshund, alles angestellt hat. „Er hat sogar die Brötchentüte bei den Nachbarn geklaut und sie mir gebracht."
Da muss Oliver lachen.
„Komm, Oliver, es ist Zeit für das Mittagessen", drängt Frau Wiese. Oliver dreht sich erschrocken um, er hat gar nicht gemerkt, dass Frau Wiese gekommen ist.
Ganz schnell drückt Opa Oliver an sich und Oliver sieht, dass Opa weint.
Frau Wiese legt ihre Hand auf Olivers Schulter. „Komm", sagt sie.
„Ich werde Mama sagen, dass ich zu Opa will!", erklärt Oliver.
„Mach das! Sprich mit ihr darüber."
Beim Mittagessen weint Oliver still vor sich hin.
„Du musst essen", tröstet ihn Annika.
„Ich kann nichts essen, ich bin so traurig."
„Warum denn?"
„Weil ich meinen Opa nicht sehen darf."
„Was? Warum denn nicht?"
„Weil wir alle geschieden sind. Mein Papa, meine Mama, mein Opa und ich."

Nachdenklich erzählt Annika: „Ich hatte auch einmal einen Opa. Aber er ist gestorben. Da war ich auch so traurig. Manchmal spreche ich leise mit ihm und tue so, als wäre er bei mir."
Nach einer Weile fragt Annika: „Kann ich deinen Pudding haben?"
„Mm", macht Oliver.
„Oli, geht's dir besser?", fragt Annika, während sie den Pudding löffelt.
Aber Oliver schüttelt den Kopf: „Wenn ich seine Telefonnummer hätte, dann könnte ich ihn wenigstens anrufen."
Wütend und zornig empfängt Oliver seine Mutter, als sie ihn abholen will. Er weigert sich, mit nach Hause zu gehen.
„Du hast mich angelogen", heult er, „Opa war da!"
Das macht Mama so wütend, dass sie Oliver eine Ohrfeige verpasst und Frau Wiese anfährt: „Wenn der Opa noch einmal in den Kindergarten kommt, dann melde ich Oliver ab!"
Dann habe ich auch meine Freunde nicht mehr, denkt Oliver entsetzt, steht schnell auf und geht hinter seiner Mutter her.
Wenn ich größer bin, dann fahre ich mit dem Rad zu Opa. Und wenn ich in der Schule bin und schreiben kann, dann schicke ich Opa einen Geheimbrief, beschließt er.

Am nächsten Tag bringt Annika einen Zettel mit in den Kindergarten. Opas Telefonnummer steht darauf. Ungläubig nimmt Oliver den Zettel in die Hand.
„Es ist die Nummer von deinem Opa! Ich habe sie getestet. Meine Mama kennt die Nachbarn von deinem Opa und die haben ihr die Nummer gegeben. Ich habe sie alleine aufgeschrieben, Mama hat nur dabei zugeguckt!"
Oliver steckt den Zettel in die Hosentasche, aber immer wieder holt er ihn heraus und schaut darauf.

Abends, als Mama wie immer zu ihrer Arbeit geht, will Oliver Opa anrufen. Aber wo ist die Hose?
Oliver schaut im Bad nach, in der Küche. Und da sieht er, dass die Waschmaschine läuft. Er hockt sich davor, und tatsächlich, da dreht sich die Hose in dickem Seifenschaum mit Opas Telefonnummer.
„Ich brauche doch die Nummer", heult Oliver und boxt gegen die Scheibe der Waschmaschine.
Vielleicht kann ich sie auswendig, denkt er, macht die Augen zu und überlegt. Dann wählt er.
Jetzt klingelt es bestimmt bei Opa, hofft er.
„Bitte, Opa, beeil dich doch." Da endlich wird der Hörer abgenommen und eine fremde Frauenstimme sagt:
„Hallo? Hier ist Zimmermann. – Hallo?"
Oliver lässt den Hörer auf die Gabel fallen, traurig und wütend zugleich.
Es war nicht Opa.
„Die blöde Nummer, ich hab sie vergessen", weint er und haut mit den Fäusten auf den Boden.
Er hat nicht gemerkt, dass seine Mama zurückgekommen ist. Sie nimmt Oliver auf den Schoß und dann weint er seinen ganzen Kummer in Mamas Arme.
„Oliver", tröstet Mama, „bitte sei nicht mehr traurig. Wir hatten alle so viel Streit, der Papa, der Opa und ich. Ich wollte endlich meine Ruhe haben. Aber ich sehe ein, dass du deinen Opa behalten musst."
Mama holt einen Zettel und schreibt Opas Telefonnummer darauf.
„Den Zettel hängen wir übers Telefon", sagt sie.
Diesmal wählt Oliver die richtige Nummer.
Als am anderen Ende jemand den Hörer abnimmt, sagt Oliver: „Hallo, Opa, hier spricht Oliver!"

Sommerspielsachen und Winterbücher

Sarahs Uropa wohnt in dem Hochhaus am Ende der Straße. Sarah besucht ihn jeden Tag. Fast jeden Tag. Wenn Mama ihm das Essen bringt, geht Sarah meistens mit. Manchmal auch dann, wenn sie viel lieber spielen möchte. Seit Uroma gestorben ist, wird Sarahs Uropa immer trauriger. „Nun bin ich ganz alleine", sagt er.
„Du hast doch mich", versucht ihn Sarah zu trösten.
„Ja, ja", murmelt Uropa nur.
Er wird immer stiller, jeden Tag ein bisschen mehr. Er erzählt keine einzige Geschichte mehr von früher, als er selbst noch ein Junge war. Er führt nicht mehr seine Zauberkunststücke vor, die Sarah so toll findet.
Schließlich antwortet er Sarah auch nicht mehr, als sie ihn etwas fragt. Uropa sitzt fast nur noch am Fenster und sieht hinaus.
Auf dem Weg zum Kindergarten geht Sarah immer an Uropas Haus vorbei und winkt ihm. Sie zählt die Fensterreihen bis zur fünften Etage ab, dort erkennt sie Uropas Fenster an den Gardinen.
Sarah weiß nicht, ob Uropa sieht, dass sie ihm winkt. Nur einmal hat er das Fenster aufgemacht und zurückgewunken. Wenn er doch einmal wieder lachen würde, denkt Sarah. Sie überlegt sich allerlei lustige Sachen, um Uropa zum Lachen zu bringen. Sie erzählt ihm Witze. Sie lässt sich auf den Boden fallen wie der Clown im Zirkus, über den alle Leute so sehr gelacht haben. Sarah verzieht nicht das Gesicht, als sie sich dabei weh tut.
Aber Uropa lacht nicht. Nicht einmal, als Sarah Grimassen schneidet, über die alle Kinder im Kindergarten lachen. Dann schiebt sie immer die beiden kleinen Finger tief in die Backentaschen und steckt die Zeigefinger in die Nasen-

löcher. Und dann schielt sie auch noch. Lange hat sie das vor dem Spiegel geübt.

Jeden Abend telefoniert Mama mit Uropa.

Meistens sagt Uropa nur: „Ja, ja", oder: „Nein". Manchmal auch nur: „Mm, mh."

Sarah mag nicht mit Uropa telefonieren.

Heute ist Uropa nicht ans Telefon gegangen.

Mama ist besorgt und sehr aufgeregt. Sie wählt noch einmal und lässt es mehrmals klingeln.

Aber Uropa nimmt den Hörer nicht ab.

„Da muss etwas passiert sein", sagt Mama und greift schnell nach den Wohnungsschlüsseln.

„Ich will mitgehen", sagt Sarah.

„Ich auch", sagt Papa. „Wir gehen zu Fuß. Bis ich das Auto aus der Garage geholt habe, sind wir schon dort."

Da rennen sie alle drei los. Es ist nicht weit bis zu Uropas Wohnung.

„Hoffentlich ist ihm nichts passiert", sagt Mama.

„Wir wollen nicht gleich das Schlimmste annehmen", sagt Papa.
„Er kann einfach nicht mehr alleine in seiner Wohnung bleiben", sagt Mama. Sie geht noch ein bisschen schneller.
Sarah hat Angst. Ob Uropa tot ist?, denkt sie.
„Er interessiert sich für nichts mehr. Sogar seine geliebten Blumen lässt er vertrocknen. Nach draußen will er auch nicht mehr. Im Aufzug findet er sich überhaupt nicht mehr zurecht", sagt Mama.
Vielleicht hat er nur vergessen, auf welchen Knopf er drücken muss, denkt Sarah.
„Auf jeden Fall muss jetzt etwas geschehen", sagt Papa.
Was er wohl damit meint?, überlegt Sarah.
„Wenn wir ein bisschen mehr Platz hätten, dann könnte er bei uns wohnen", sagt Mama.
Sie schließt die Haustür des Hochhauses auf. Mit dem Aufzug fahren sie in den fünften Stock. Je näher sie zu Uropas Wohnung kommen, umso mehr Angst bekommt Sarah.
„Hoffentlich ist er nicht tot", sagt sie.
Papa und Mama antworten nicht.
Mama hat Uropas Wohnungsschlüssel in der Hand. Sie klingelt trotzdem, schließt aber fast gleichzeitig auf. Sarah geht hinter Papa her.
Im Wohnzimmer, in seinem Sessel, sitzt Uropa. Er schaut aus dem Fenster.
Verwundert dreht er sich um, sieht Papa, Mama und Sarah an, so als wäre er gerade von einer weiten Reise zurückgekommen. Mama drückt ihn fest.
„Warum bist du denn nicht ans Telefon gegangen?", fragt sie.
Uropa zuckt mit den Schultern.
Sarah streichelt ganz vorsichtig Uropas Arm. Aber er scheint es nicht zu bemerken.
„Komm ein paar Tage mit zu uns", sagt Papa.

Uropa antwortet nicht. Mama packt ein paar Sachen zusammen und Papa holt nun doch noch das Auto.

An diesem Abend kann Sarah nicht einschlafen.
Ich könnte mit meinen Sachen ein bisschen zusammenrücken, überlegt sie. Ein paar Spielsachen könnte ich in einen Karton packen und auf den Speicher bringen. Im Winter könnte ich sie wieder herunterholen und austauschen. Dann hätte ich Sommerspielsachen und Winterspielsachen. Wenn Uropa das mit seinen Büchern genauso macht, dann hätte er Sommerbücher und Winterbücher. Und alles würde in mein Regal passen.
Die Kommode brauche ich auch nicht mehr. Es war doch meine Babywickelkommode. In die Ecke passt bestimmt Uropas Bett. Das Zimmer müssen wir dann alle beide aufräumen.
Sarah muss kichern, als sie sich das vorstellt.
Uropas Sessel kann an meinem Fenster stehen. Von dort aus kann er gut auf die Straße gucken. Ich sitze ja sowieso immer auf der Fensterbank.
Sarah schleicht ins Wohnzimmer, wo Uropa auf der Couch liegt. Er hat die Augen geöffnet und guckt zur Decke.
Bestimmt kann er auch nicht schlafen, denkt Sarah.
„Uropa", flüstert sie. „Ich rücke ein bisschen in meinem Zimmer. Dann kannst du bei mir wohnen."
Uropa sagt nichts. Aber es kam Sarah so vor, als hätte er ein kleines bisschen gelacht. So tief innendrin.
Auf Zehenspitzen geht Sarah in ihr Zimmer zurück und kriecht in ihr Bett.
Mal sehen, was Mama und Papa dazu sagen werden, denkt sie.

„Ich bin aber noch nicht müde!"

„Sebastian, du musst ins Bett", sagt Papa und gähnt.
„Ich bin aber noch nicht müde", sagt Sebastian.
„Es ist schon sieben Uhr", sagt Papa und reibt sich die Augen.
„Der Tag war viel zu kurz. Da konnte ich gar nicht alles spielen, was ich spielen wollte", sagt Sebastian.
„Es ist spät. Sogar ich bin schon ganz müde", sagt Papa.
„Dann musst du eben ins Bett", sagt Sebastian.
Er klettert auf Papas Schoß.
„Ich bin der Papa und du das Kind, ja?"
„Und was muss ich tun?", fragt Papa.
„Ins Bett gehen natürlich."
Weil Sebastians Papa Werner heißt, sagt Sebastian: „Werner, du musst ins Bett. Es ist spät."
„Aber ich bin noch nicht müde." Werner quengelt.
„Du bist müde. Das weiß ich genau", sagt Sebastian. „Beeil dich, dann erzähle ich dir noch acht Gutenachtgeschichten. Oder dreiunddreißig. Und ein Lied spiele ich dir vor, auf der Mundharmonika. So ein schönes, trauriges."
Werner geht ins Badezimmer.
„Trödel nicht herum und zieh dich aus", sagt Sebastian streng.
Er holt Werners Schlafanzug.
„Waschen reicht heute, duschen kannst du morgen wieder", erklärt Sebastian.
Werner nimmt den Waschlappen und macht ihn ein bisschen nass.
„Soll ich dir helfen?", fragt Sebastian.
„Ja", antwortet Werner.
Da schiebt Sebastian den Badezimmerhocker an das Waschbecken heran und klettert darauf. Er dreht den Wasserhahn

auf. Das Wasser spritzt. Den Waschlappen macht Sebastian pitschenass. Nicht nur so ein bisschen wie Werner.
„Bück dich mal", sagt Sebastian.
Und patsch, hat Werner den nassen Waschlappen im Gesicht.
Werner schüttelt sich.
„Nicht so doll", sagt er.
„Du willst doch nicht wie ein Dreckfink ins Bett", sagt Sebastian und wischt kräftig in Werners Gesicht herum.
„Zeig mal deine Ohren", sagt er.
Werner hält Sebastian den Kopf hin.
„Bäh! Was da alles drin ist!", sagt Sebastian.
„Was denn? Sand?"
„Nein! Haare! Wo sind die denn hergekommen? Guck mal, habe ich auch welche?"
Werner untersucht Sebastians Ohren.
„Nein", sagt er.
„Putz dir die Zähne", sagt Sebastian. „Aber gründlich. Ich hole die Eieruhr. Du musst so lange putzen, bis die Uhr abgelaufen ist."
Werner putzt und spuckt und gurgelt.
„Spuck nicht an den Spiegel", sagt Sebastian. „Sonst muss ich ihn nachher wieder putzen."
Endlich ist Werner fertig. Er kuschelt sich ins Bett. In Sebastians Bett.
Sebastian deckt ihn zu und streichelt ihm übers Haar.
„War heute ein schöner Tag für dich?", fragt er.
„Ja", antwortet Werner.
Sebastian gibt Werner einen Kuss.
„Oh, dein Gesicht ist ganz rubbelig. Ich hole Creme. Willst du Mamas Creme, die so schön riecht, oder lieber meine Popocreme?"
„Nein, Hilfe! Ich will gar keine Creme", sagt Werner.

Eine schöne lange Gutenachtgeschichte erzählt Sebastian.
„Noch eine, bitte", sagt Werner.
„Eine ist genug!", sagt Sebastian.
„Aber du hast mir dreiunddreißig Geschichten versprochen", quengelt Werner. „Und was man verspricht, das muss man auch halten."
„Morgen", vertröstet ihn Sebastian. „Jetzt schlaf."
„Aber das Lied möchte ich noch hören", sagt Werner.
Sebastian spielt auf der Mundharmonika. Erst laut, dann immer leiser. Es ist ein neues Lied, das noch nie einer gehört hat.
Werner liegt ganz still.
„Schlaf schön", sagt Sebastian.
„Bleibst du nebenan im Arbeitszimmer, bis ich eingeschlafen bin?", fragt Werner.
„Wenn du willst", gibt Sebastian nach.
Er knipst das Licht aus und setzt sich in Papas Sessel im Arbeitszimmer.
Nach einer Weile kribbelt es in seinen Beinen. Und kalt wird ihm. Sebastian gähnt.
„Papa sein ist langweilig. Ich will nicht mehr der Papa sein, der warten muss."
Sebastian geht ins Kinderzimmer und kriecht zu Werner ins Bett.
„Kann ich dein Kuscheltier sein?", fragt er.
Aber Werner antwortet nicht. Er schläft schon.

„Ich will aber wütend sein!"

Ganz unten in der Spielzeugkiste findet Meike ihren kleinen Hartgummiball.
„Endlich habe ich meinen Flummi wieder", sagt sie.
Es ist ihr schönster. Innendrin hat er kleine Sterne, lilafarbene, grüne, gelbe und rote. Die Sterne blitzen, wenn der Flummi springt.
Meike wirft ihn auf den Boden. Sie kann gut werfen. Der Flummi hüpft zur Lampe. Plong. An das Fenster. Blumm. Gegen die Tür. Blotsch. Unter den Schrank. Dort bleibt er liegen und kommt einfach nicht wieder heraus.
Meike legt sich auf den Bauch und guckt unter den Schrank. Dort ist alles dunkel. Meike kneift ein Auge zu.
„Oh, da liegt was", sagt sie und greift danach.
Es ist ein Turnschuh. Meike wirft ihn zur Seite und greift nach etwas anderem.
Legosteine.

„Ich will meinen Flummi haben", sagt Meike.
Sie reckt ihre Hand, ihren Arm, doch der Flummi ist und bleibt verschwunden.
„Er ist hier. Das weiß ich genau! Doofer Flummi!", schreit sie wütend und tritt gegen den Schrank. „Eben erst habe ich ihn wieder gefunden und nun ist er schon wieder weg."
Sie tritt noch einmal gegen den Schrank, fester als eben.
„Doofer, blöder Mistflummi!", schreit Meike und heult vor Wut.
„Meike!", ruft Mama.
Aber Meike gibt keine Antwort. Sie heult lauter und trampelt mit den Füßen.
„Ich will meinen Flummi wiederhaben!"
„Soll ich dir helfen?", fragt Mama.
„Nein!", schreit Meike.
„Hör doch auf zu heulen", sagt Mama. „Davon kommt er auch nicht wieder zurück."
„Ich will aber heulen", sagt Meike.
„Warum?", fragt Mama.
„Weil ich wütend bin!"
„Meike!", ruft Mama. Sie ist nun fast so wütend wie ihre Tochter.
„Lass mich in Ruhe!", schreit Meike.
„Ja, aber schrei nicht so laut", sagt Mama.
„Ich will aber wütend sein", sagt Meike.
Nach einer Weile liegt Meike ganz ruhig auf dem Rücken. Zuerst hören ihre Füße auf, wütend zu sein, dann die Beine, dann die Arme, dann der Bauch. Einen Augenblick lang macht Meike ihre Augen zu. Dann ruft sie: „Mama, leihst du mir mal deinen großen Besen?"
„Ja", antwortet Mama.
Nur zweimal schiebt Meike den Besen unter dem Schrank hin und her. Da kullert ihr Flummi wieder heraus.

Wo ist Bastian?

Papa sucht Bastian. Aber Bastian hat sich versteckt. Er hat sich sehr gut versteckt, denn Papa kann ihn nirgends finden.
„Hallo, Bastian!", ruft Papa.
Bastian ist mucksmäuschenstill.
„Wo bist du, Bastian?"
Bastian rührt sich nicht.
„Ist er vielleicht hinter der Tür?", fragt Papa und schaut nach.
„Nein!
Unter der Bettdecke?
Nein!"
Bastian macht sich winzig klein.
„Bestimmt in der Spielzeugkiste."
Bastian kichert.
„Habe ich da gerade etwas kichern gehört?", fragt Papa und lauscht.
„Ach nein, ich habe mich wohl verhört."
Papa geht durch das Zimmer.
„Bastian! Hallo!", ruft er.
Bastian hält die Hand vor den Mund und sperrt sein Lachen ein.
„Vielleicht sitzt er im Papierkorb?
Nein!
Oder hinter der Gardine?
Nein!
Auf der Lampe?
Auch nicht!
Jetzt hab ich es. Wahrscheinlich hat er sich im Schlüsselloch versteckt."
Papa schaut ins Schlüsselloch, pustet hinein.
Schade, da ist Bastian auch nicht.
„Knistert dort etwas in Mamas Latschen?

Ach, nein.
Aber die Blumenvase hat sich bewegt. Da ist er bestimmt."
Nun hält es Bastian nicht länger aus. Er muss lachen.
Papa merkt, woher das Lachen kommt. Er greift unter die Tischdecke, fasst Bastians Fuß und sagt: „Endlich hab ich dich erwischt!"
„Nein! Ich bin ein Hase", sagt Bastian.
„Ach, du meine Güte! Da muss ich wohl weitersuchen. Wo mag denn bloß der Bastian sein? Hase, hilfst du mir bitte den Bastian suchen?"
„Ja, Papa", sagt Bastian. Aber da hat er sich verraten. Aus Versehen hat er „Papa" gesagt.
Papa lacht, aber dann sagt er: „Du bist ja doch der Bastian. Hilfst du mir den Hasen suchen?"
Da kommt Bastian unter dem Tisch hervor und sagt: „Der Hase ist gerade in den Garten gehoppelt."
„Dann müssen wir im Garten weitersuchen", sagt Papa.

„Komm mit mir in mein Deckenhaus!"

Papa liest Zeitung. Er blättert und blättert und liest.
„Papa, spielst du mit mir?", fragt Carina.
„Gleich", antwortet Papa.
Carina wartet einen Augenblick, dann fragt sie noch einmal:
„Papa, spielst du jetzt mit mir?"
„Ja, gleich", antwortet Papa, aber er schaut nur die Zeitung an, nicht Carina.
In der Küche arbeitet Mama.
„Spielst du mit mir, Mama?", fragt Carina.
„Gleich", antwortet Mama. „Erst muss ich das Essen vorbereiten."
„Gleich, gleich, immer gleich!", sagt Carina und geht ins Kinderzimmer.

Ich bau mir ein Haus, denkt sie. Ganz für mich allein. Da lasse ich keinen rein. Papa nicht. Und Mama auch nicht.
Carina holt alle Decken und Kissen, die sie finden kann.
„Mein Haus passt genau zwischen den Schrank und das Bett. Der Eingang kommt unter den Stuhl", sagt sie.
Es wird ein wunderschönes, kuscheliges Deckenhaus. Alle ihre Tiere holt sie. Auch die Ente ohne Schnabel, die Carina draußen auf dem Spielplatz gefunden hat.
„Komm mit mir in mein Deckenhaus", sagt Carina zu der Ente.
Als Mama gerade telefoniert, geht Carina in die Küche.
Wir brauchen etwas zu essen, denkt sie. Am besten Müsli.
Eine Hand voll Müsli schiebt sich Carina in den Mund, dann füttert sie ihre Tiere. Der Ente stopft sie Müsli in das Loch, wo vorher einmal der Schnabel war.
Carina kuschelt sich zwischen ihre Tiere.
„Schön ist es hier", flüstert sie ihnen zu.
Aber dann ruft Mama: „Carina, das Essen ist fertig!"
Carina antwortet nicht.
„Carina!" Mama ruft noch mal.
Ganz still bleibt Carina liegen.
„Wo bist du?"
Mama schaut ins Kinderzimmer.
„Bist du hier?"
„Ja!", ruft Carina, aber sie guckt nicht aus ihrem Haus heraus.
„Kommst du?", fragt Mama.
„Nein!", antwortet Carina.
„Warum nicht?"
„Weil ich jetzt hier wohne!"
„Was ist los, Carina?", fragt Papa, der nun auch gekommen ist. „Willst du nicht zum Essen kommen?"
„Keiner spielt mit mir. Immer sagt ihr: Gleich! Gleich! Das ist

ein blödes Wort! Und jetzt habe ich keine Lust mehr. Ich bleibe hier in meinem Haus. Da ist es viel schöner als bei euch."
„Dürfen wir dich mal in deinem Haus besuchen?", fragt Mama.
„Gleich", sagt Carina und da muss sie ein bisschen lachen.
„Wir könnten vielleicht heute in deinem Haus essen?", fragt Mama.
Doch da klingelt das Telefon.
Papa hebt den Hörer ab.
Jetzt dauert es wieder ewig, bis Papa fertig ist, denkt Carina. Er telefoniert nämlich immer fast so lange wie Mama. Dann essen wir bestimmt nicht in meinem Haus.
Doch da hört sie, wie Papa sagt: „Ich kann jetzt nicht telefonieren. Ich habe etwas sehr Wichtiges vor!"
Carina steckt den Kopf aus ihrem Deckenhaus und fragt: „Was gibt es denn zu essen?"
„Eine Überraschung!", sagt Mama.
„Dein Haus muss aber ein bisschen größer werden, wenn wir alle drei hineinpassen wollen", sagt Papa.
„Hilfst du mir beim Umbauen?", fragt Carina.
„Sofort", sagt Papa.

Was ist das schon?

„Mein Vater ist der Chef von der Mohrenkopffabrik", sagt Laura im Kindergarten zu den anderen. „Ich kann so viele Mohrenköpfe essen, wie ich will."
„Sieht man", meint Johannes. „Aber mein Vater ist viel mehr, er ist nämlich der Chef vom Wasserwerk."
„Na und, was ist das schon?", sagt Alex. „Meine Mama kennt den Stadtdirektor und deshalb darf ich spielen, wo ich will, auch da, wo ein Schild steht: Spielen verboten."
Nur Janne sagt nichts.
Aber abends erzählt sie ihrem Vater:
„Papa, alle im Kindergarten haben damit angegeben, was ihr Papa macht. Womit kann ich denn angeben?"
„Ich weiß nicht", sagt Papa.
Nach dem Abendessen fragt er dann: „Janne, willst du morgen mit mir mitfahren?"
„Ja, ja! Das ist toll", ruft Janne begeistert. Wie lange hatte sie darauf gewartet.
„Wenn du größer bist als unsere Mülltonne, dann darfst du mitkommen", hatte Papa immer wieder versprochen.
Und Janne ist größer als die Mülltonne.

In dieser Nacht kann Janne kaum schlafen.
Frühmorgens weckt Papa sie: „Guten Morgen, kleine Kollegin!" Er gibt ihr einen Kuss. Sein Bart kitzelt und Janne ist sofort wach.
Sie springt aus dem Bett und zieht sich an. Mama macht zwei Thermoskannen fertig: eine mit Kaffee für Papa und eine mit Tee für Janne. Außerdem packt sie einen Berg Butterbrote ein.
„Bei eurer Arbeit bekommt ihr bestimmt großen Hunger", sagt sie.

Schon hupt draußen Papas Kollege, Janne sagt Mama schnell „Tschüss" und rennt hinaus. Ingo, der Kollege von Papa, nimmt Janne auf den Arm und wirft sie in die Luft.
„Kommst du heute mit?", fragt er.
„Ja", sagt Janne, „endlich!"
„Guten Morgen, Karlchen", begrüßt Papa den zweiten Kollegen, der hinten auf dem Müllwagen steht, wo die Tonnen eingehängt werden. Dann klettert er hinter das Steuer des Müllautos. Janne bekommt eine orange Mütze aufgesetzt, wie die Müllmänner sie alle tragen. Nun geht es los.
Papa startet und Janne winkt Mama.
Wie klein Mama aussieht von hier oben, denkt Janne.
Zuerst fahren sie durch die Blumensiedlung. Die Leute haben ihre Mülltonnen vor die Haustüren gestellt. Auf den Mülltonnendeckeln kleben Marken. Wie Briefmarken sehen die aus.
„Diese Marken müssen die Leute im Rathaus kaufen, damit bezahlen sie die Müllabfuhr", erklärt Papa.
Ingo und Karlchen springen vom Müllauto ab, holen die Tonnen, hängen sie ein, drücken einen Hebel, die Tonne schwenkt nach oben und wird geleert. Dann stellen sie die Tonnen zurück.
„Wie schnell sie das können", staunt Janne.
Am Veilchenweg steigt Papa aus. „Hier wohnt Frau Berg. Sie ist sehr krank und kann die Tonne nicht tragen", erklärt Papa. Er klopft an das Fenster und ruft: „Hallo, Frau Berg, hier ist die Müllabfuhr. Wie geht es Ihnen?"
„Danke, danke, ich kann nicht klagen", antwortet die Frau und schaut aus dem Fenster. Papa bringt die leere Tonne bis zur Tür von Frau Berg. Stolz zeigt er auf Janne: „Das ist meine Tochter. Sie hilft mir heute."
Janne setzt sich ganz gerade hin, damit Frau Berg sieht, wie groß sie ist.

Nett von Papa, dass er der Frau hilft, findet Janne.
Sie fahren weiter, und als alle Tonnen in der Blumensiedlung geleert sind, ruft Papa, denn er ist der Chef:
„Ingo, Karlchen, Frühstückspause!"
Papa hält auf dem Parkplatz vor dem Hochhaus und macht den Motor aus. Ingo und Karlchen setzen sich zu Papa und Janne ins Führerhaus. Eingequetscht zwischen Müllmännern schmeckt Janne ihr Brot so gut wie noch nie. Sie trinkt ihren Tee und gibt Karlchen etwas davon ab.
„Passt noch mehr Müll in das Auto?", fragt Janne, als sie weiterfahren.
„Noch viel mehr", sagt Papa.
„Woran merkst du denn, wenn der Wagen voll ist?"

„Ganz einfach", antwortet Papa, „dann blockiert hinten die Klappe und geht nicht mehr auf."
Nun sind sie in der Fischsiedlung angekommen. Hier ist schon viel los. Leute fahren mit dem Auto zur Arbeit und einige Schulkinder sind auch schon unterwegs. Frau Thomas macht ihren Laden auf und stellt die Gemüsekisten vor die Tür.
Dann fährt Papa sehr nah an den Häusern vorbei, weil die Straße hier so eng ist. Er fährt ganz langsam, sodass Janne in ein Küchenfenster schauen kann.
Da sieht sie, sie kann es nicht glauben, Laura mit ihrer Mama am Frühstückstisch sitzen.
Janne winkt mit beiden Armen und Laura ist so platt, als sie Janne erkennt, dass sie vor Staunen vergisst den Mund beim Kauen zuzumachen. „Ich kann dir in dein Müsli spucken", ruft Janne ihr zu. Da müssen beide lachen.
Ein paar Häuser weiter kommt Alex mit seiner Mutter aus der Tür. Sie wollen zum Kindergarten gehen. Fast reißt Alex seiner Mama den Arm aus, als er Janne entdeckt.
In der Fischsiedlung wohnen viele Kinder. Ingo kennt sie fast alle. Wenn sie das Müllauto hören, kommen sie ans Fenster und schauen beim Leeren zu. Den kleineren legt Ingo manchmal ein Bonbon auf die leeren Mülltonnen.
Papa bekommt an diesem Morgen von zwei Kindern ein Bild geschenkt, selbst gemalt.
Janne ist sehr stolz auf Papa.
Am Ende der Siedlung, vor dem letzten Haus, steht eine Frau. Sie winkt und schreit immerzu: „Halt! Halt!"
Papa hält an und steigt aus.
„Mein Schlüssel ist weg! Er ist bestimmt in der Tonne. Was mache ich nur? Das Baby ist alleine im Haus."
Papa kippt kurzerhand die Mülltonne auf den Bürgersteig.
Ingo, Karlchen und er gucken den ganzen Müll durch. Mit

ihren Handschuhen wühlen sie darin herum. Aber nichts. Der Schlüssel ist nicht zu finden.
Doch Janne entdeckt ihn.
„Im Briefkasten steckt er", ruft sie durch das Fenster des Müllautos.
„Oh danke, danke!", sagt die Frau erleichtert und läuft zur Haustür.
Nun habe ich richtig geholfen, denkt Janne.
Bald danach hebt Papa Janne aus dem Müllwagen heraus und zeigt ihr, dass die Klappe hinten nicht mehr aufgeht. Das Müllauto ist voll. Die Müllmänner müssen nun zur Verbrennungsanlage fahren. Doch dorthin soll Janne ein anderes Mal mitfahren. Papa fährt Janne zum Kindergarten. Sie will unbedingt noch hin, obwohl es fast Mittag ist und es sich nicht mehr lohnt.
Ingo hebt Janne über den Zaun des Kindergartens und sagt: „Tschüss!"
Alle Kinder sind draußen und alle sehen, dass Janne mit dem Müllauto gefahren ist.
„Mein Papa ist der beste Müllmann der Welt!", prahlt sie. „Und er hat die nettesten Kollegen. Der Ingo kennt sogar Frau Wiese. Er war hier in unserem Kindergarten, als er ein kleiner Junge war. Wenn ich groß bin, fahre ich jeden Tag mit dem Müllauto. Dann werde ich Müllfrau."
Laura, Alex und Johannes sind ein bisschen neidisch.

Der bärenstarke Leopold

Vor dem Einschlafen schaut Jonas sein neues Bilderbuch vom Zirkus an. Er betrachtet die Löwen, die Pferde und die Trapezturnerinnen. Dann lacht Jonas über zwei Clowns. Mit den Köpfen sind sie zusammengestoßen. Der eine hat eine Beule am Kopf. Und der andere? Einen Kaktus. Das sieht komisch aus.
Wenn doch zu uns auch mal wieder ein Zirkus käme, denkt Jonas.
Er blättert in seinem Buch die nächste Seite um und da sieht er den bärenstarken Leopold. Mit bloßen Händen kann Leopold eine dicke Eisenstange zerbrechen.
Unheimlich sieht er aus, denkt Jonas. Und wie der mit den Zähnen fletscht!
Schnell will Jonas weiterblättern, doch da grinst Leopold. Er lässt die dicke Eisenstange fallen und macht einen großen Schritt auf Jonas zu. Der bärenstarke Leopold steigt einfach aus dem Bilderbuch heraus.

„Da staunst du, was?", fragt er und legt Jonas seine Hand auf den Kopf.
Jonas staunt nicht nur, er zittert vor Schreck. Schnell kriecht er unter seine Decke, so weit, dass er nur noch ein bisschen herauslauern kann.
Der starke Leopold lacht ihn aus. Es hallt durch das Kinderzimmer. Unter seiner Decke macht sich Jonas ganz klein.
Der Leopold sieht aus wie Onkel Dieter, denkt Jonas. Er lacht wie Onkel Dieter und er hat so große Hände wie Onkel Dieter.
„Komm her, Kleiner", sagt Leopold.
Jonas macht die Augen zu und drückt sein Gesicht fest in das Kopfkissen. Mit einem Ruck zieht Leopold die Decke weg und wirft sie auf den Boden. Da liegt Jonas schutzlos auf seiner Matratze.
Ich kann mich nicht wehren, er ist stärker als ich, denkt Jonas.
Mit beiden Händen packt Leopold zu, wirft Jonas in die Luft, fast bis zur Decke, und fängt ihn wieder auf.
»Lass mich runter!", schreit Jonas.
Er strampelt und versucht sich aus Leopolds Armen zu befreien. Aber Leopold lacht nur und wirft Jonas erneut in die Luft. Er fängt ihn auf und drückt ihn an sich. Dabei hält er ihn so fest, dass Jonas sich nicht mehr bewegen kann. Dann küsst er Jonas.
Ich will nicht geküsst werden, denkt Jonas. Von ihm nicht! Es ist eklig!
Aber er sagt nichts, weil er Angst hat.
„Los, komm mit!", sagt Leopold. „Ich zeige dir, wo ich wohne. Und ich zeige dir ein Geheimnis."
Jonas kriegt noch mehr Angst.
„Es ist ein weiter Weg, zieh deine Schuhe an, komm!"
Unsanft stellt Leopold Jonas auf den Boden.

„Ich bin müde. Kannst du nicht morgen wiederkommen?", fragt Jonas.
„Nein! Wir gehen jetzt! Wir müssen ein Stück durch den Wald. Wenn du tust, was ich dir sage, dann nehme ich dich mit auf meinen Hochsitz. Dann kannst du durch mein Fernglas sehen und die Wildschweine und Hirsche beobachten."
Leopolds Worte klingen freundlich.
Jonas überlegt einen Moment. Auf einen Hochsitz wollte er schon immer einmal. Und Wildschweine und Hirsche beobachten, das wäre toll.
„Aber es bleibt unser Geheimnis! Verstanden?" Leopold schüttelt Jonas an beiden Schultern. „Wehe, wenn du etwas verrätst!"
Jonas zuckt zusammen. Es ist ihm unheimlich zu Mute.
Der Leopold lügt, denkt er. Vielleicht lockt er mich in eine Falle? Vielleicht hat er etwas ganz anderes vor? Wenn der denkt, ich würde das nicht merken...
Dann schreit Jonas: „Nein! – Nein, ich gehe nicht mit."
Bevor Leopold irgendetwas sagen kann, rennt Jonas mit einem Satz zu seinem Bilderbuch und klappt es zu.
Vorsichtig dreht Jonas sich um. Da ist der bärenstarke Leopold tatsächlich verschwunden.
Jonas hebt seine große Baukiste hoch und stellt sie auf das Buch. Die Bausteine, die im Zimmer verstreut liegen, wirft er in die Kiste hinein.
„So ist sie noch schwerer", sagt Jonas. „Und hier kommst du, Leopold, nie mehr heraus!"
Vorsichtshalber stellt Jonas sein Parkhaus noch oben drauf.
Dann legt er sich in sein Bett, deckt sich zu und hat kein bisschen Angst.
Am nächsten Morgen geht Jonas in den Kindergarten und spielt mit seinen Freunden. Sie basteln aus Kartons ein großes Schiff. Mit Filiz zusammen malt Jonas das Schiff mit

Wasserfarben an. Der Vormittag vergeht schnell und um zwölf Uhr werden alle Kinder wieder abgeholt.
Jonas freut sich, denn Mama und Papa wollen ihn heute zusammen abholen, weil Papa Urlaub hat.
Doch auf dem Flur stehen nicht Mama und Papa, dort steht Onkel Dieter, Papas Freund, und wartet auf Jonas. Jonas ist sehr enttäuscht.
„Deine Eltern müssen etwas Wichtiges erledigen, deshalb bin ich gekommen", sagt er.
Als Jonas Onkel Dieter anschaut, fällt ihm auf, dass Onkel Dieter wirklich wie der bärenstarke Leopold aussieht. Er nimmt Jonas auf den Arm und Jonas schüttelt sich ein bisschen, als er Onkel Dieters Hände spürt. Onkel Dieter drückt Jonas an sich und küsst ihn.
Da kneift Jonas Onkel Dieter ganz fest ins Ohr. Noch nie vorher hat Jonas sich so etwas getraut. Jonas zappelt und kann sich aus Onkel Dieters Armen befreien.
„Ich will von dir keinen Kuss!", schreit er. „Und ich will von dir auch nicht abgeholt werden!"

Blitzschnell rennt Jonas an Onkel Dieter vorbei, über den Flur, und versteckt sich in der Dusche.
Jonas hört, wie ihn alle rufen und ihn suchen. Aber er bewegt sich nicht. Erst nach einiger Zeit findet ihn Frau Wiese.
„Ich gehe nicht mit ihm!", schreit Jonas.
Frau Wiese und Onkel Dieter reden miteinander. Onkel Dieter ist wütend, er schimpft. Jonas kann nicht verstehen, was er sagt.
Als Onkel Dieter weg ist, kommt Jonas aus seinem Versteck. Er ist froh. Bis ihn seine Eltern abholen können, darf er im Kindergarten bleiben.
Endlich kann Jonas Mama und Papa sagen, dass er große Angst vor Onkel Dieter hat.
„Immer küsst er mich! Und ich will das nicht!", sagt Jonas.
„Was macht er?", fragt Mama. Sie ist sehr aufgeregt.
„Er küsst mich und hält mich fest. Ich kann mich nicht wehren. Er ist bärenstark!"
Mama hockt sich zu Jonas hinunter, sodass sie ihn anschauen kann.
„Jonas, du kannst dich wehren. Du bist stark!", sagt sie.
„Heute zum Beispiel hast du dich gewehrt!"
„Es ist gut, dass du es uns erzählt hast", sagt Papa. „Niemand darf dich küssen, wenn du es nicht willst! Und der Onkel Dieter wird dich in Ruhe lassen, dafür werde ich sorgen!"
Papa hat mir geglaubt, denkt Jonas, obwohl Onkel Dieter sein Freund ist.

Ein trauriges Gefühl

Eine Woche lang arbeitet Bastian im Kindergarten an seinem Fensterbild. Beim Ausschneiden strengt er sich so sehr an, dass ihm die Hand weh tut und er immer wieder eine Pause machen muss.
Nun ist es geschafft.
Ein Ring aus braunem Tonpapier liegt vor ihm und daneben ein Apfelbaum mit kleinen roten Äpfeln, die er aufgeklebt hat. Das sieht toll aus. Auch die Sonne ist fertig. Zwar sind einige Strahlen ein bisschen schief geschnitten, aber das stört Bastian nicht.
„Ganz prima ist dein Fensterbild geworden! Zeig es doch heute Mittag deiner Mama", schlägt Frau Wiese ihm vor. Dann befestigt sie den Baum und die Sonne in dem braunen Papierring und hängt ihn an einem Faden auf.
„Super sieht das aus", staunt Hakan, der mit seinem Fensterbild gerade erst anfängt.
Als Bastians Mama ihn mittags abholt, zeigt er ihr stolz sein Bild. Sie schaut kurz darauf und sagt: „Schön, Bastian. – Deine Sonnenstrahlen sind ziemlich schief. Die Jule konnte in deinem Alter schon besser ausschneiden. Na ja. – Komm jetzt."
Da war es wieder, das traurige Gefühl in Bastian.
Wenn ich doch auch alles so gut wie die Jule könnte, denkt er.
Zu Hause angekommen legt Mama das Fensterbild auf den Garderobenschrank – und den dicken Schlüsselbund darauf. Dabei verknickt der Apfelbaum, aber Mama bemerkt es nicht einmal. Als Jule aus der Schule kommt, sieht sie das Fensterbild sofort.
„Hast du das gemacht?", fragt sie.
Bastian nickt.

„Schön. Nur die Sonnenstrahlen sind schief. Soll ich sie dir gerade schneiden?"

„Nein!", schreit Bastian und dann wirft er kurzerhand sein Fensterbild in den Müll.

Mama merkt nicht, dass es nicht mehr da ist.

Später erzählt Mama der Oma am Telefon, dass Jule die beste Mathearbeit aus der Klasse geschrieben hat. Kein Wort über Bastians Fensterbild.

Beim Essen redet Jule dann pausenlos. Mama und Papa hören zu. Und jedes Mal, wenn Jule die Gabel in den Mund schiebt, will Bastian es sagen.

Doch Jule kaut und schluckt und lacht und redet gleichzeitig. Beinahe wäre es Bastian gelungen, es zu sagen, aber Mama meint, Jule solle erst einmal zu Ende erzählen.

Papa sagt nichts.

Er sagt nicht: „Jetzt kommt der Bastian mal dran."

Und Bastian weiß, dass er es heute wieder nicht sagen kann.

Er wollte nämlich sagen, dass es ihm nicht gut geht und er es ungerecht findet, dass Jule immer alles und er gar nichts darf.

Er wollte sagen, dass er sich beim Ausschneiden so angestrengt hat. Dass er schwimmen lernen will im Schwimmkurs, weil er es nicht alleine schaffen wird wie Jule, weil er Angst im Tiefen hat.

Er wollte sagen, dass Papa mit seinem Chef reden soll, damit der nicht immer mittags anruft, wenn Papa Hunger hat und das Essen kalt wird. Und er wollte fragen, ob Papa sich einmal einen Tag freinehmen kann – für einen „Bastiantag".

All das wollte Bastian sagen und noch vieles mehr.

Doch Papa sieht auf die Uhr, springt auf und beim Rausgehen ruft er noch: „Wartet heute nicht auf mich, die Besprechung dauert lange."

„Kannst du mich zum Ballett fahren?", fragt Jule jetzt Mama.

Das macht Mama natürlich und Bastian muss mitfahren.
Bastian ist nur froh, dass es in ein paar Tagen Ferien gibt.
Jule darf das erste Mal allein weg, aber er, er fliegt mit Papa und Mama in Urlaub! In ein anderes Land! Wie das Land heißt, hat er vergessen. Denn nur eins ist wichtig: Sie fliegen ohne Jule!
Damals, als Jule im Krankenhaus lag, hatte Bastian sich gewünscht, dass sie noch lange im Krankenhaus bleiben muss.
Als er dann gesehen hatte, wie krank Jule war, tat sie ihm so Leid, dass er ihr die fünf Mark schenkte, die sie sich von ihm geliehen hatte.
Aber heute hat er kein schlechtes Gewissen.
Endlich ist es so weit. Jule ist fort und Mama und Papa haben ihre Koffer gepackt.
Bastian auch.
Seinen kleinen Koffer hält er in der Hand, als das Taxi kommt, um sie zum Flughafen zu bringen.
„Lass den Koffer hier, wir haben schon viel zu viel Gepäck", sagt Mama.
Doch Bastian hält seinen Koffer fest: „Ich brauche ihn, er ist auch ganz leicht."
„Was hast du denn alles eingepackt?", fragt Papa neugierig.
Bastian verrät es nicht.

Das Flugzeug startet und Bastian sitzt angeschnallt zwischen Papa und Mama. Er ist ungeheuer aufgeregt – und froh. Bald dürfen sie die Gurte lösen und der Flugkapitän wünscht durch den Lautsprecher einen guten Flug. Bastian schaut erst zu Mama und dann zu Papa. Er nimmt seinen kleinen Koffer und öffnet ihn.
Mama und Papa wundern sich: Blätter sind darin, lauter leere Blätter und ein Stift.
„Willst du malen?", fragt Papa.
Bastian schüttelt nur den Kopf. Er freut sich, weil Mama und Papa endlich richtig zuhören können; kein Telefon holt den Papa, keine Jule redet dazwischen und Mama hat nichts Wichtiges zu tun.
Jetzt kann Bastian alles sagen. Alles, was er schon so lange sagen wollte. Und Papa soll es auf die leeren Blätter schreiben, damit sie es immer wieder lesen und nie mehr vergessen können.
„Ich wusste gar nicht, dass es dir so schlecht geht." Dabei drückt Mama Bastian an sich.
Papa schreibt und schreibt. Unter die letzte Seite schreibt er:
Jule ist Jule, aber Bastian ist Bastian!
Dann faltet er die drei Zettel so klein, dass sie in seine Brieftasche passen. Er steckt sie zu den anderen wichtigen Papieren, zum Pass und zur Scheckkarte.
Zufrieden lehnt Bastian sich in seinem Sitz zurück und denkt: Wie schön ist es, mit Mama und Papa in den Urlaub zu fliegen!
„Der Jule müssen wir sofort eine Karte schicken", sagt er dann, „gleich, wenn wir ankommen."
„Machen wir", verspricht Papa.

Er ist doch noch so klein

Jeden Tag, wenn Sabrina aus dem Kindergarten kommt, steht Kai schon am Gartentor und wartet auf sie. Und jeden Tag fragt er: „Spielst du mit mir?"
Jeden Tag.
Meistens sagt Sabrina: „Ja."
Aber manchmal auch: „Nein, ich bin müde."
Dann schreit Kai los wie eine Feuerwehrsirene: „Mama! Die Sabrina spielt nicht mit mir!"
Und Mama sagt dann jedes Mal: „Aber Sabrina, Kai hat den ganzen Morgen auf dich gewartet."
Sabrina ist wütend. Sie will ja mit ihm spielen, aber nicht immer und nicht mittags, wenn sie aus dem Kindergarten kommt. Dann will sie mit Mama reden oder einfach in ihr Zimmer gehen. Aber Kai kapiert das nicht.
„Lass mich in Ruhe, wir können nachher zusammen spielen", schimpft Sabrina dann und schubst Kai zur Seite.
Kai heult fürchterlich und Mama ruft aus der Küche: „Sabrina, er ist doch noch so klein!"
„Das ist mir egal, ob er groß oder klein ist. Ich will jetzt nicht!"
Doch Kai jammert so erbarmungsvoll vor sich hin, streicht sich selbst über die Wange und sagt:
„Armer Ich, keiner spielt mit mir."
Da tut er Sabrina Leid und sie sagt: „Na gut, aber nur ein kleines Stündchen."
Für den Nachmittag hat sich Sabrina mit ihren Kindergartenfreundinnen verabredet, mit Pauline und Dorothee.
„Aber ohne Kai", hat Pauline gesagt. „Du weißt doch, wie er ist. Wenn wir am schönsten spielen, will er nach Hause oder er quengelt und hat Durst, oder er muss mal. Komm bloß ohne ihn!"

Als Sabrina gehen will, sagt Mama: „Nimm ihn mit, er ist immer so alleine."
Heute nicht, heute gehe ich ohne ihn, beschließt Sabrina. Als Mama gerade telefoniert, schleicht sie sich durch den Garten davon. Kai spielt in der Sandkiste und bemerkt sie nicht.
Für Sabrina wird es ein schöner Nachmittag. Zunächst arbeiten die drei Mädchen in Paulines Gartenbeet, dann bauen sie sich im Gestrüpp eine Bude und schmücken sie mit Löwenzahn. Sie sieht wie ein Märchenschloss aus.
Pauline holt Plätzchen und Saft und die drei Freundinnen schmausen, kichern und tuscheln, bis Paulines Mutter ruft: „Dorothee, du sollst nach Hause kommen, dein Vater hat angerufen."

„Dann gehe ich jetzt auch", sagt Sabrina.
Schon von weitem ruft ihr die Mutter entgegen: „Wo ist Kai?"
Sabrina erschrickt: „Ist er mir etwa nachgelaufen? Ich habe ihn doch gar nicht mitgenommen. Wir wollten doch einmal alleine spielen."
„Was? Du hast ihn nicht mitgenommen? Wo ist er denn jetzt?" Und verzweifelt ruft sie: „Kai! Ka-hai!"
Sabrina hat große Angst: „Hoffentlich ist ihm nichts passiert!"
Mama ist außer sich vor Sorge um Kai und auf Sabrina schrecklich böse.
„Du hättest mir sagen müssen, dass du alleine gehst", schimpft sie.
Kai hätte doch so lange gequengelt, bis ich ihn mitgenommen hätte, denkt Sabrina. Aber ihr schlechtes Gewissen wächst. Vielleicht hätten uns Pauline und Dorothee doch mitspielen lassen ...
Mama fragt alle Nachbarn, doch niemand hat Kai gesehen. Besorgt schaut sie zur Hauptstraße, wo unaufhörlich Autos vorbeibrausen: „Hoffentlich ist er nicht über die Straße gelaufen!"
Vom nächsten Telefonhäuschen ruft sie schließlich Papa an.
Bis Papa kommt, stehen Mama und Sabrina vor dem Haus. Mama schaut immer wieder die Straße hinunter und Sabrina betet leise: „Lieber Gott, bitte, bitte pass heute ganz besonders auf Kai auf."
Papa kommt angerast: „Ich habe unterwegs schon überall nachgeschaut. Aber nichts! – Wie lange ist er schon weg?", fragt er atemlos.
„Ich weiß nicht genau, er hat in der Sandkiste gespielt und dann war er plötzlich weg."
Sabrina ist froh, dass Mama nicht mehr erzählt.
„Wir müssen die Polizei anrufen", beschließt Papa.

Wenn sie ihn finden, dann darf er bestimmt mit dem Polizeiauto fahren. Das wollte er schon immer gerne einmal, schießt es Sabrina durch den Kopf.
Papa erklärt dem Polizisten am Telefon, was passiert ist und wie Kai aussieht.
„Sie wollen ihn suchen. Und wenn er bis zum Abend noch nicht da ist, dann nehmen sie zusätzlich den Hubschrauber", erzählt er dann.
Sabrina bekommt eine Gänsehaut. Sie hört schon, wie die Polizisten aus dem Hubschrauber rufen:
„Achtung, Achtung, hier spricht die Polizei. Wir suchen Kai, drei Jahre alt. Seine Schwester hat nicht auf ihn aufgepasst."
Während Mama, Papa und Sabrina noch überlegen, was sie jetzt tun können, passiert etwas, womit niemand gerechnet hat. Auf leisen Sohlen, wie ein Geist, kommt plötzlich Kai ins Wohnzimmer und schaut sich verwundert um.
Mama schreit auf, als käme ein Feuer spuckender Drache zur Tür herein.
„Wo kommst du denn her?", ruft Papa, schnappt Kai und wirbelt ihn vor Freude durch die Luft.
Kai reibt sich die Augen: „Ich habe mir unter Sabrinas Bett eine Bude gebaut und dann bin ich eingeschlafen."
Er gähnt.
„Mein kleiner Schatz, wir haben dich überall gesucht!", sagt Mama glücklich.
Kai kann die ganze Aufregung nicht verstehen und fragt: „Warum denn?"
Da lachen Sabrina, Mama und Papa erleichtert. Und Papa ruft zum zweiten Mal an diesem Tag die Polizei an.

Später am Abend, als Kai schon längst wieder schläft, geht Sabrina zu Mama und Papa ins Wohnzimmer. Mama nimmt Sabrina in den Arm: „Mach nicht so ein Gesicht! Den größ-

ten Fehler habe ich gemacht. Du kannst Kai ja wirklich nicht immer mitnehmen. Er muss auch lernen mal alleine zu spielen. Du hättest mir allerdings Bescheid sagen müssen."
Sabrina ist ein bisschen erleichtert und nickt.
„Kai muss eigene Freunde finden. Wir müssen überlegen, wie wir ihm dabei helfen können", meint Papa.
Da holt Sabrina ihre Stifte und ihr schönstes Papier. Sie malt ihren kleinen Bruder, so schön sie kann, mit einem Clown-T-Shirt, der blauen Hose und den roten Sandalen. KAI schreibt sie in großen Druckbuchstaben auf das Blatt, das kann sie schon.
„Das Bild können wir im Kindergarten aufhängen, vielleicht kommen Kinder zu Besuch, die so alt wie Kai sind und auch keine Freunde haben", sagt Sabrina.
Mama ist stolz auf ihre große Tochter, weil sie so eine gute Idee hat.
Schon am nächsten Tag hängt Frau Wiese Sabrinas Kai-Bild an das schwarze Brett im Kindergarten.

Mich brauchen sie hier nicht

Arne klingelt an der Haustür. Weil Mama nicht sofort öffnet, klingelt Arne noch einmal. Dann tritt er gegen die Tür.
„Kannst du nicht warten?", schimpft Mama. „Ich musste gerade telefonieren."
Arne schiebt sich an Mama vorbei. Er knallt die Kinderzimmertür hinter sich zu. Arne ist sauer.
„Arne!", ruft Mama. „Meike schläft!"
Immer die Meike, denkt er.
Aus dem Regal nimmt er seinen Rennwagen und die Fernsteuerung. Er lässt das Auto vor- und zurückfahren, nach rechts und nach links und unter dem Schreibtischstuhl seines Bruders hindurch. Dann lässt er den Wagen gegen die Tür fahren. Rumms, macht es.
„Arne!", schreit Mama.
Arne schaltet an der Fernsteuerung herum, ziemlich schnell, beide Hebel gleichzeitig. Aber dann bewegt sich das Auto nicht mehr.
„Schrottkiste!", schimpft Arne und schubst den Wagen mit dem Fuß weg. „Jetzt ist das blöde Ding kaputt."
Mit der Fernsteuerung haut Arne auf den Boden.
„Ist auch egal! Ist sowieso alles egal", sagt er.
Erst schreit Meike und dann Mama.
„Hast du es wieder geschafft?", ruft Mama. „Immer musst du sie aufwecken."
Und immer meckerst du mit mir, denkt Arne. Dabei wollte er ihr doch von Benny erzählen.
Drei Kinder darf Benny einladen. Sie dürfen einen Tag lang mit auf das Schiff von Bennys Vater und auf dem Rhein herumfahren.
Im Kindergarten in der Gruppe haben alle gebettelt: „Ich, Benny, bitte nimm mich."

Aber Benny hat Anke ausgesucht und Timo und Uwe.
Arne hat auch gefragt. Aber Benny hat gesagt: „Du? Nein, du nicht! Das würden meine Eltern nie erlauben!"
Meike weint immer noch.
Arne geht in das Schlafzimmer der Eltern. Da liegt Meike in ihrem Babybett. Als sie Arne sieht, hört sie sofort auf zu weinen. Sie strampelt vergnügt mit den Beinen und lacht ihn an.
„Halli-hallo", sagt Arne.
Meike quietscht.
„Wenn du größer bist, dann kann ich mit dir spielen", sagt er.
Arne geht wieder und Meike brüllt weiter.
„Lass sie doch in Ruhe", ruft Mama aus der Küche.
Im Kinderzimmer holt Arne die Spielzeugkiste seines Bruders unter dem Bett hervor.
Hier drin hat Jonas bestimmt seine neuen Comics versteckt,

denkt er und wühlt in der Kiste herum. Er kippt die Kiste aus. „Da sind sie ja", sagt er.
Eine Weile blättert Arne in den Comics, aber dann geht er zu Mama in die Küche. Mama sitzt am Küchentisch und schreibt etwas auf einen Zettel.
„Mama", sagt Arne.
„Gleich", antwortet Mama.
„Mama", sagt Arne noch einmal.
„Moment", sagt Mama.
Da geht Arne in das Kinderzimmer zurück. Er legt sich auf den Teppich und macht den Kassettenrekorder mit seiner Lieblingskassette an.

Jonas kommt aus der Schule nach Hause.
„Hey, Mama", ruft er.
„Wie war's heute?", fragt Mama.
„Blöd. Ich hatte mein Turnzeug vergessen und musste die ganze Stunde zugucken", erzählt Jonas.
„Dann denke nächste Woche dran", sagt Mama.
„Das Diktat schreiben wir morgen", sagt Jonas.
„Na, dann müssen wir heute Nachmittag üben", sagt Mama.
Im Kinderzimmer wirft Jonas den Tornister neben seinen Schreibtisch.
„Typisch du!", schreit Jonas.
Vor Schreck springt Arne auf. Doch da schlägt Jonas ihm schon die Faust in den Bauch. Mit voller Wucht. Arne haut zurück. Jonas gibt ihm einen Fußtritt und dann schlägt er noch einmal. Arne hält sich den Bauch.
„Aua!", sagt er.
„Mama", ruft Jonas, „Arne war schon wieder an meinen Sachen!"
„Arne, wie oft soll ich dir das noch sagen?", ruft Mama.
Aber Arne hört nicht, was Mama sagt. Er steckt beide Zei-

gefinger in die Ohren. Jonas öffnet mit dem kleinen Schlüssel, den er um den Hals trägt, seine Schreibtischschublade. Er holt seinen Walkman heraus und packt die neuen Comics hinein.
„Den Rest räumst du auf", sagt er.
„Ja, ja, schon gut", sagt Arne.
„Bis zum Essen gehe ich noch raus", ruft Jonas und knallt die Haustür zu.
Diesmal wird Meike nicht wach.
Heute kommt Papa zum Mittagessen nach Hause. Das macht er nur sehr selten. Arne freut sich und begrüßt ihn.
„Na, Arne", sagt Papa und klopft ihm auf die Schulter. Dann setzt sich Papa an den Esstisch.
„Ich habe nicht viel Zeit", sagt er.
„Papa", sagt Arne.
Aber Papa hört nicht zu. Er redet mit Mama und liest dabei Zeitung.
„Papa", sagt Arne wieder, „der Benny hat …"
„Erzähl es mir heute Abend", sagt Papa. „Ich muss jetzt mal abschalten."
Da fühlt Arne plötzlich so eine riesige Wut im Bauch. Er ist stinksauer.
Keiner hört mir zu, denkt er. Die brauchen mich hier gar nicht! Voller Wut wirft er seine Sachen im Zimmer herum. Die Kassetten, die Bilderbücher und den Schuhkarton mit den gesammelten Sachen. Als er die Stofftiere von der Fensterbank werfen will, sieht er draußen Jonas. Hakan und Philipp sind bei ihm.
Die zwei Doofen, denkt Arne.
Hakan und Philipp lassen Arne nie mitspielen.
„Muss das Baby wieder dabei sein?", sagen sie immer.
Und Jonas lässt Arne dann auch nicht mitmachen.
Aber was ist heute mit Jonas los? Der heult ja.

Da muss etwas passiert sein, denkt Arne und rennt nach draußen.
„Was ist?", fragt Arne.
„Mein Walkman", heult Jonas. „Ich habe mich über das Geländer gebeugt und da ist mir das blöde Ding vom Kopf gerutscht. Und jetzt liegt es im Teich."
Arne beugt sich auch über das Geländer und guckt ins Wasser. „Ich glaube, ich kann ihn sehen", sagt er.
„Den kannste vergessen, der ist kaputt", sagt Philipp.
„Und das Wasser ist hier ziemlich tief", sagt Hakan.
„Von meinem Taschengeld hab ich mir den gekauft!", sagt Jonas. „Nicht mal in die Schule habe ich ihn mitgenommen, weil ich nicht wollte, dass er kaputt geht."
Noch nie hat Arne seinen Bruder so heulen gesehen.
„Wir könnten doch mal probieren ihn herauszuholen", sagt Arne.
„Wie denn?" Jonas schüttelt den Kopf.
Arne klettert über das Geländer, er will noch einmal vom Rand aus in den Teich gucken.
„Spinnst du?", schreit Jonas. „Bleib hier! Willst du ersaufen?"
Da kommt Arne zurück.

Der Appetit auf das Mittagessen ist Jonas vergangen. Er

heult zwar nicht mehr, aber essen will er nichts. Stattdessen wirft er sich auf sein Bett.

Papa ist schon wieder in die Firma gefahren und Mama meint, dass Jonas sich zu Weihnachten einen neuen Walkman wünschen soll.

Weihnachten, denkt Arne. Das dauert viel zu lange. Es sind doch bald Sommerferien und Jonas wollte den Walkman mit ins Zeltlager nehmen.

Arne klettert auf den Stuhl und holt sein dickes Plastiksparschwein vom Schrank.

„Hier", sagt er. „Kannst es schlachten."

Jonas dreht sich auf dem Bett um.

„Ehrlich?", fragt er.

„Ja, los! Da ist auch noch der Zwanni von Tante Anja drin."

„Dann könnte uns ja der Walkman, der neue meine ich, zusammen gehören", sagt Jonas.

Aus der Schreibtischschublade holt Jonas sein Taschenmesser und schneidet damit ein großes Loch in das Sparschwein.

Arne schüttelt das Geld auf den Teppich. Viele Groschen sind es, noch mehr Pfennige, drei Markstücke und ein Zwanzigmarkschein.

„Es reicht nicht", sagt Jonas.

Arne ist traurig.

„Schade", sagt er.

„Aber Arne, du, ich finde dich Klasse", sagt Jonas.

„Wirklich?", fragt Arne.

„Wirklich", sagt Jonas.

Heute Abend im Bett erzähle ich ihm von Benny, denkt Arne.

Krokodilswäsche

„Räum dein Zimmer auf, Michaela", sagt Mama nun schon zum dritten Mal.
„Aufräumen, aufräumen, immer nur aufräumen, dabei habe ich überhaupt noch nicht gespielt", meckert Michaela.
Sie sieht sich in ihrem Zimmer um und weiß nicht, was sie aufräumen soll. Die Spiele liegen ordentlich im Regal und auf dem Teppich sind nur noch die Sachen verstreut, die nicht mehr in den Schrank passen.
„Ich habe viel zu viel", denkt Michaela, „deshalb weiß ich auch nie, womit ich spielen soll."
Aus dem Schrank holt sie selten etwas heraus. Er ist bis oben hin voll gestopft, sodass die Tür kaum noch zugeht.
Schimpfen kann Mama heute nicht. Der helle Teppich hat kein Flecken, sie hat gut aufgepasst und nicht vergessen die Schuhe auszuziehen. Sie hat in ihrem Zimmer keinen Saft getrunken und keine Süßigkeiten gegessen, so wie es mit Mama abgesprochen ist.
„Die Sachen in deinem Zimmer sind so empfindlich", hatte Mama ihr damals erklärt.
Michaela hätte lieber Sachen, die nicht empfindlich sind, die sie abwaschen könnte, wenn etwas umkippt.
Auf dem neuen Sofa sitzen alle Schmusetiere und schauen Michaela an.
„Da sehen sie schön aus", meint Mama.
Aber für Michaela ist kein Platz mehr. Das Häschen von Oma, der Bär von Tante Eva, die Puppe von Onkel Heinz, das rosa Pferdchen von Tante Liesel und der Dackel mit dem Knopf im Ohr sitzen drauf. Den Dackel darf Michaela nicht einmal mit nach draußen nehmen, weil er so wertvoll ist.
„Was soll ich mit den Schmusetieren, wenn keiner mit mir spielt?"

„Ich bin fertig", ruft sie.
Mama lässt das Badewasser einlaufen. Michaela zieht sich aus und klettert in die Wanne.
Ein riesiger Schaumberg ist entstanden. Michaela taucht ihr Gesicht hinein und muss lachen, als sie sich im Spiegel sieht.
Sie nimmt ihren grünen Krokodilwaschlappen, der wie eine Handpuppe aussieht, und wäscht ihren Bauch.
„Wenn ich einen Bruder hätte, dann würden wir uns jetzt kein bisschen einsam fühlen", denkt sie. „Komm, ich rubbel dich und du rubbelst mich, würde ich zu ihm sagen. Wir würden eine Wasserschlacht machen und alles schnell wieder abwischen, bevor Mama es sieht. Den ganzen Abend würden wir zusammen spielen, eine Bude bauen und uns Geschichten erzählen."
Michaela schrubbt ihre Beine.
„Wenn mein Bruder blutet, würde ich ihm ein Pflaster holen. Und wenn er weint, dann würde ich ihm die Tränen abwischen und ihm einen Witz erzählen."

Das Krokodil in Michaelas Hand reißt sein Maul weit auf und leckt ihre Füße sauber, jeden Zeh einzeln. Am kleinen Zeh kitzelt es. – Michaela wäscht ihren Hals und die Ohren.
„Wir würden unsere T-Shirts tauschen und es wäre uns egal, ob die Farben zusammenpassten. Von meinem Sparschweingeld würden wir uns ein Eis kaufen, eins nur – das würden wir zusammen lecken."
Michaela spuckt in die Wanne. Sie hat Schaum in den Mund bekommen.
„Kinderfilme im Fernsehen würden wir uns nicht angucken. Mein Bruder findet das auch bestimmt langweilig. Wenn Papa ruft: ‚Kommt, es ist ein schöner Kinderfilm im Fernsehen', dann hören wir einfach nicht hin. Wenn Papa den so gut findet, dann kann er sich den doch alleine ansehen. Vielleicht würde es mein Bruder schaffen, Papa zu überreden mit uns zu spielen. Und vielleicht würde Papa auch einmal mit ihm schimpfen und nicht immer nur mit mir. Wenn etwas kaputt gegangen ist, dann bin nicht gleich ich es gewesen. Es könnte ja auch mal mein Bruder gewesen sein."
Michaela lässt den Bauch des Krokodils voll Wasser laufen.
„Ich würde meinem Bruder helfen, damit er schwimmen lernt und das Seepferdchen machen kann. So würde er im Kindergarten von Thomas auch nicht ausgelacht. Und wenn einer meinen Bruder haut – dann würde ich treten und spucken und ihm helfen."
„Michaela, beeil dich!", ruft Mama. Michaela steigt aus der Badewanne, wickelt sich in das große Badehandtuch ein und rollt sich zum Trockenwerden über den Flur.
„Aber Michaela!"
„Natürlich würden wir uns auch streiten, mein Bruder und ich. Aber wir würden uns auch wieder vertragen und ‚Tschuldigung' sagen. Abends im Bett, wenn er Angst vor Gespenstern hätte, würde ich mich an ihn kuscheln und sa-

gen: ‚Gespenster gibt es nicht.' Zu seinem Geburtstag würde ich ihm das Schönste, das ich habe, schenken."
„Komm schnell, du musst ins Bett, Michaela. Es ist schon spät!" Mama wird ungeduldig.
„Liest du mir noch eine Geschichte vor?"
„Nein, das geht heute nicht", erklärt Mama. Sie will zum Englischkurs in die Volkshochschule.
„Hör dir doch eine Kassette an", schlägt Mama vor, „der Papa kommt auch gleich."
Aber Michaela will keine Kassette hören, sie will an ihren Bruder denken.
Als Papa nach Hause kommt, schläft sie schon.

Am nächsten Morgen im Kindergarten klebt Michaela zuerst Wollfäden an ihr gebasteltes Monster. Und nach dem Frühstück krabbelt sie unter den Tisch, der mit einer Decke zugehängt ist. Wie eine Höhle.
„Hey", sagt Jonas, der darunter sitzt und sehr traurig aussieht.
„Hey", sagt Michaela.
„Jetzt lassen wir keinen mehr rein", beschließt Jonas und Michaela nickt.
„Ich bin stinksauer auf meine Brüder", beginnt Jonas. Er erzählt, dass sie ihm immer alles kaputt machen.
„Nie kann ich alleine spielen. Weil sie noch nicht laufen können, krabbeln sie überallhin. Und ich hab auch noch zwei – Zwillingsbrüder!"
Michaela hört ihm genau zu.
Jonas erklärt Michaela, dass er so lange unter der Decke sitzen bleiben will, bis ihn alle suchen. Seine Mama soll sich mal richtig Sorgen machen.
„Immerzu sagt sie: ‚Lass doch die beiden, sie sind noch so klein!' Und wenn sie was kaputt gemacht haben, dann sagt

sie: ‚Das haben sie doch nicht extra gemacht.' Alle finden sie süß, dabei sind sie so blöd!"
Michaela weiß gar nicht, wie sie Jonas trösten soll.
„Sag mal, Michaela, kann man sich von seinen Brüdern scheiden lassen?", fragt Jonas.
„Ich glaube, das geht nicht", antwortet Michaela. „Dann musst du ja wegziehen in eine andere Stadt oder so."
„Stimmt", meint Jonas, „wegziehen will ich nicht."
Sie sitzen eine Weile herum, bis Jonas sagt: „Ich habe Hunger, kannst du mir meine Tasche holen?"
„Na, klar!"
Als Michaela mit der Tasche wieder unter den Tisch robbt, fragt sie: „Jonas, willst du mein Bruder sein? Wir könnten unsere Mütter fragen, ob du heute bei mir schlafen darfst. Dann können wir spielen und es stört uns keiner."
„Au ja", lacht Jonas, beißt zuerst in sein Brot und hält es dann Michaela hin. Schließlich krabbeln sie unter der Decke hervor. Damit alle in der Gruppe merken, dass sie jetzt Geschwister sind, tauschen sie ihre T-Shirts und machen sich aus lila und grünem Krepppapier Stirnbänder, die genau gleich aussehen. Zum Schluss malen sie sich mit Filzstift ein geheimes Familienzeichen auf den Arm. Den ganzen Morgen fassen sie sich an der Hand, bis Annika ruft:
„Verliebt, verlobt, verheiratet!"
„Du spinnst ja, Blödi", sagt Michaela. „Der Jonas ist mein Bruder, du hast das bisher nur nicht gewusst!"
Um zwölf Uhr, als der Kindergarten zu Ende ist, kommt Jonas' Mutter mit den Zwillingen.
„Es stimmt", denkt Michaela. „Alle finden die Zwillinge süß, sogar Frau Wiese."
Jonas' Mutter hat nichts dagegen, dass Jonas mit Michaela nach Hause gehen will.
„Meine Mama erlaubt es bestimmt nicht", glaubt Michaela

und stellt sich auf Zehenspitzen, um zu sehen, ob ihre Mutter kommt.

„Sie sagt bestimmt Nein! Noch nie durfte ein Kind bei mir schlafen. Vielleicht fragt sie: ‚Muss es denn ein Junge sein?' Mama weiß nicht, wie Jungen sind. Sie denkt, Jungen machen alles dreckig und kaputt. Dabei sind Jungen genau wie Mädchen – mal blöd, mal nett."

Aufgeregt und mit einem dicken Kloß im Hals rennt Michaela ihrer Mutter entgegen, als sie endlich kommt.

„Mama, darf der Jonas heute mit zu uns und bei mir schlafen?" Weil ihre Mama nicht gleich antwortet, fügt sie noch schnell hinzu: „Seine Mutter hat es erlaubt."

„Ja, warum nicht. Dein neues Sofa können wir ausklappen, da wird Jonas bestimmt gut schlafen."

Michaela kann es nicht glauben. Einfach „Ja" hat sie gesagt!

„Suuper", jubelt Jonas. „Komm, Schwester."

Sie rennen zum Auto, während die Mütter noch miteinander reden.

„Das schaffst du nie!"

„Wetten, dass ich einen Turm bauen kann, der größer ist als Papa?", fragt Verena ihren Bruder.
„Das schaffst du nie!", antwortet Benedikt.
„Schaff ich wohl. Du wirst schon sehen!"
Verena zieht die Kiste mit den Bausteinen unter dem Bett hervor und fängt an zu bauen.
Benedikt schreibt weiter in sein Schulheft.
Nach einer Weile ist Verenas Turm ziemlich hoch. Er ist schon fast so groß wie Verena.
„Benedikt, guck mal", sagt sie.
„Na und? Der Turm ist ja noch nicht mal so groß wie ich", erklärt Benedikt.
Verena ärgert sich, aber sie baut weiter. Bald reicht sie nicht mehr zur Spitze. Sie steigt auf einen Stuhl und legt einen Baustein auf den anderen.

Der Turm schwankt.
Hoffentlich hält er, denkt Verena. Sie bleibt ganz still stehen.
Zum Glück stürzt der Turm nicht ein.
„Benedikt, guck doch jetzt mal!", sagt sie.
„Papa ist viel größer", sagt Benedikt. „Gib auf, du schaffst es nicht."
Da fallen ein paar Steine vom Turm herunter.
„Oh weh!", jammert Verena.
Benedikt lacht.
„Ha, ha, ha, siehst du!", sagt er.
„Du bist gemein! Ganz gemein", sagt Verena.
Aber sie gibt nicht auf. Sie klettert die Leiter zum Etagenbett hinauf. Ein paar Bausteine drückt sie fest an die Brust. Nun kann sie weiterbauen.
Der Turm wackelt. Doch dann steht er wieder ruhig. Benedikt schaut kurz zu Verena hinauf.
Die schafft es ja wirklich, denkt er. Aber er tut so, als würde er das nicht merken.
Genau in dem Moment, als Papa draußen mit dem Auto vor der Tür hält und hupt, ist Verena mit ihrem Turm fertig. Die Bauklötze sind alle.
„Benedikt, jetzt staunst du, was? Ich hab's geschafft", sagt sie.
Aber da passiert es: Obgleich sie ganz vorsichtig von dem Bett herunterklettert, bleibt sie mit dem Fuß an ihrem Kopfkissen hängen. Das Kissen fällt aus dem Bett, gegen den Turm. Mit einem lauten Krachen stürzt der Turm ein.
Benedikt zuckt zusammen. So sehr hat er sich erschrocken.
Ein Berg voller Bausteine, große, kleine, dreieckige, runde, liegt vor Verena auf dem Teppich.
„Mein schöner Turm!", jammert sie.
Dann tritt sie voller Wut gegen den Berg von Bauklötzen.
„Nie mehr baue ich etwas", schreit sie.

Wuttränen kommen und Verena wischt sie nicht weg. Aber sie hält sich beide Ohren zu, denn sie weiß genau, was Benedikt gleich sagen wird.

Aber Benedikt rennt zur Tür und ruft:
„Papa! Papa, komm nicht in unser Kinderzimmer! Wir haben eine Überraschung für dich!" Schnell schließt Benedikt die Tür. „Los, ich helf dir! Wir bauen den Turm wieder auf."
Benedikt reicht Verena die Bauklötze. So geht es viel schneller als vorhin.
Als sie fertig sind, ruft Benedikt: „Papa, jetzt kannst du kommen. Die Verena kann einen Turm bauen, der größer ist als du."
„Du bist wirklich nett, Benedikt", sagt Verena.

Papa stellt sich neben den Turm. Er stellt sich auf Zehenspitzen und streckt die Arme zur Decke. Aber der Turm ist größer als er.
Da staunt Papa. Und Verena freut sich.

Vom Abschiednehmen

Von Kinderquälern und Liebesbriefen

Im Gruppenraum ist der Tisch zum Kaffeetrinken festlich geschmückt. Die Vorschulkinder haben ihren letzten Kindergartentag und feiern mit ihren Eltern Abschied.
Sie durften sich alle noch einmal Spiele wünschen, aber so lustig wie sonst ist es nicht. Die Eltern sehen traurig aus, findet Jonas.
Wir können doch Frau Wiese immer wieder besuchen, denkt er.
Froh ist er, als die Kinder endlich in den Garten dürfen. Abschied – das Wort kann er nicht mehr hören.
„Nun ist die schöne Zeit vorbei", seufzt Philipps Mutter.
Und die Schule? Ist die etwa nicht schön?, denkt Jonas.
Wo er sich so sehr darauf freut. Allen hat er es erzählt: dem Briefträger, der Frau an der Fleischtheke im Supermarkt, den Nachbarn und natürlich Oma und Opa. Sein Tornister steht fix und fertig gepackt neben seinem Bett. Die Schultüte allerdings, die hat er noch nicht gesehen. Mama hat sie versteckt. Sie ist auch nicht in Mamas Kleiderschrank, ganz hinten, wo er schon mal interessante Sachen gefunden hat. Schade, Jonas hätte so gerne einmal in seine Schultüte gelinst.
„Sollen wir wippen?", fragt er Philipp.
„Ja", antwortet Philipp und beide rennen los, springen auf die Wippe und stoßen sich fest mit den Füßen ab.
„Ich will nicht in die Schule gehen", sagt Philipp.
„Jetzt fang nicht auch noch an, mit Abschied und so", stöhnt Jonas.
„Nein, das meine ich nicht. Ich hab Angst. Meine Brüder haben mir so einiges erzählt. Die Lehrerinnen sind nämlich Kinderquälerinnen. Du darfst nicht mit dem Stuhl wackeln und schon gar nicht im Klassenraum rumlaufen. Das schaffe

ich nie! Und auf dem Schulhof, die Großen, die prügeln ganz schön. Wenn ich wenigstens Judo könnte!"
„Mensch, du brauchst doch keine Angst zu haben! Wir haben uns doch die Schule angeguckt. Mir hat es dort gefallen."
„Aber manche Kinder müssen Strafarbeiten schreiben", meint Philipp.
„Das kann uns doch gar nicht passieren, wir können doch noch nicht schreiben", lacht Jonas.
„Ja, aber die vielen Hausaufgaben! Bei uns gibt es jeden Tag Ärger, weil meine Brüder Hausaufgaben doof finden."
„Vielleicht findest du sie nicht doof! Ich jedenfalls freue mich, dass ich lesen lernen kann. Rechnen kann ich ja schon. Dann kann ich alles alleine lesen und muss nicht immer warten, bis Mama oder Papa mal Zeit haben, um mir

etwas vorzulesen. Und dann lese ich das Lexikon, da steht alles drin, was ich wissen will – alles!"
Sie wippen weiter und nach einer Weile sagt Philipp: „Wenn ich schreiben kann, dann schreibe ich der Laura einen Brief."
„Das musst du auch machen. Du hast es ihr versprochen."
Seit Laura weggezogen ist, haben sie nichts mehr von ihr gehört, dabei war sie Philipps Freundin.
„Vielleicht schreibt sie mir zurück ..."
„Und weil du dann lesen kannst, verstehst du den Brief auch", erklärt Jonas.
Sie springen von der Wippe und laufen hinter den anderen Kindern her. Im Gruppenraum soll ein Abschiedslied gesungen werden und sie wollen mitsingen. Dabei nimmt Jonas mit den Augen Abschied von seinem Gruppenraum, den Spielen, den Puzzles, den Bilderbüchern, und als Frau Wiese ihn anschaut – auch von ihr.
„Sie weint ja fast", stellt Jonas fest und da muss auch er schlucken.
Ich schreibe ihr einen Liebesbrief, in Schönschrift, nimmt er sich vor.

Eine Primel, ein Turnbeutel, eine weiße Papierblume

Die Puppenecke im Gruppenraum ist ziemlich klein. Aber manchmal, wenn die Kinder etwas Wichtiges miteinander besprechen wollen, schieben sie das Puzzleregal zur Seite. Dann haben alle auf dem Boden Platz.

Heute, als die Kinder vom Spielplatz in den Gruppenraum zurückkommen, sitzt Frau Wiese dort in der Puppenecke. Einige Kinder merken sofort, dass etwas anders ist als sonst.

„Dürfen wir neben dir sitzen?", fragen Katrin und Verena.

Frau Wiese nickt und da kuscheln sich die beiden dicht an sie heran.

Die Kinder sind sehr still, alle warten.

„Was ist los?", fragt Alexander.
„Ich muss euch etwas sehr Trauriges erzählen", beginnt Frau Wiese.
„Michels Mutter hat mich heute Morgen angerufen. Sie hat mir gesagt, dass Michel in die Kinderklinik musste, weil er sehr, sehr krank war."
Frau Wiese macht eine kleine Pause und dann sagt sie: „Heute Nacht ist Michel gestorben."
In den stillen Gruppenraum hinein sagt Katrin: „Das glaube ich nicht."
„Ich auch nicht", sagt Verena. „Der Michel war doch vorgestern noch im Kindergarten."
„Vorgestern fühlte sich Michel schon nicht wohl. Er kam mit seiner Mutter nur deshalb in den Kindergarten, weil der Fotograf hier war. Michel wollte unbedingt ein schönes Foto von sich haben", sagt Frau Wiese.
„Deshalb hat er sich die große, weiße Papierblume an den Pulli gesteckt", erzählt Florian.
„Was ist denn mit ihm passiert?", fragt Katrin leise.
„Michel hat eine schlimme Krankheit bekommen, Hirnhautentzündung. Er wurde sehr krank. Heute Nacht ist er gestorben", sagt Frau Wiese. Sie putzt sich die Nase, weil sie weinen muss.
„Ist er wirklich tot?", fragt Florian.
„Ja", antwortet Frau Wiese.
Die Kinder sitzen da, keines bewegt sich, keines sagt etwas. Aber plötzlich fassen sie sich an den Händen, wie beim Schlusskreis.
Nach einer Weile steht Alexander auf und geht zur Fensterbank. Zwischen all den Blumentöpfen nimmt er ein kleines Töpfchen heraus, mit einer blauen Primel.
Alexander stellt es in die Mitte.
„Es ist Michels", sagt er.

„Kann ich auch so eine Krankheit bekommen?", will Katrin wissen.
„Diese Krankheit kann jeder bekommen. Aber die meisten Menschen werden wieder gesund", sagt Frau Wiese und nimmt Katrin fest in den Arm. „Aber der Michel wurde so krank, dass er schon nicht mehr stehen konnte, als er in der Klinik ankam. Er hätte auch nie mehr laufen können, haben die Ärzte gesagt."
„Das wäre sehr schlimm für ihn gewesen. Er ist doch immer auf den großen Baum geklettert", sagt Alexander.
„Wo ist der Michel jetzt?", fragt Christof.
„Ich denke, dass er noch in der Klinik ist", sagt Frau Wiese.
„Mir ist kalt", sagt Katrin.
„Nimm doch das Tuch." Verena zieht das große Tuch aus der Verkleidungskiste. Katrin wickelt sich darin ein.
„Kommt der Michel nie wieder?", fragt Florian.
„Er kommt nie wieder", sagt Frau Wiese. „Aber wir werden oft an ihn denken. Wir werden uns an vieles erinnern, was wir zusammen gemacht haben. Wir werden daran denken, wie lustig Michel war und dass er uns oft zum Lachen gebracht hat. So wird der Michel immer ein bisschen bei uns sein."
„Tut ihm jetzt noch etwas weh?", fragt Katrin.
„Nein. Ich glaube, dass er nie mehr Schmerzen haben wird und dass er warm und geborgen in Gottes Armen liegt und sich vor nichts mehr fürchtet."
„Das ist gut", sagt Verena.
„Am Freitag ist Michels Beerdigung", sagt Frau Wiese.
„Dürfen wir zur Beerdigung mitgehen?", fragt Christof.
„Ich will nicht", sagt Katrin.
„Vielleicht könnt ihr mit euren Eltern hingehen. Du musst nicht, Katrin, wenn du nicht willst."
„Sollen wir später mal alle zusammen zum Friedhof gehen

und Michels Grab schmücken?", fragt Alexander. „Ich mache das immer mit meiner Mama, bei dem Grab von meinem Opa."

„Das machen wir", sagt Frau Wiese.

„Dann können wir doch Michels blaue Primel auf sein Grab pflanzen", schlägt Verena vor.

Später setzt sich Florian im Flur unter Michels Garderobenhaken.

Da hängt sein Turnbeutel, neben der Windmühle, denkt Florian und dann weint er sehr.

Alexander kommt zu ihm.

„Ich bin auch so traurig", sagt er.

„Ob der Michel jetzt im Himmel ist?", fragt Alexander.

Florian zuckt mit den Achseln und weint immer weiter. Schließlich sagt er: „Wir haben uns so gestritten, als der Fotograf hier war."

„Solltest du wieder seine Katze sein?", fragt Alexander.

„Ja", sagt Florian.

„‚Flori, willst du meine Katze sein?', hat er immerzu gefragt. Manchmal habe ich ja mitgespielt. Aber vorgestern hatte ich keine Lust. Da habe ich gesagt: ‚Hau ab! Ich bin keine Katze.'"

„Der Michel wollte immer so gerne eine Katze haben", sagt Alexander.

Florian nickt.

„Du, Florian, mal doch ein Bild für ihn", sagt Alexander.

„Das habe ich mir auch gedacht", antwortet Florian.

Einige Tage später bringt Michels Mutter einen Kuchen in den Kindergarten und für jedes Kind in der Gruppe ein kleines Foto.

Tschüss, lieber Schneemann

Genau vor Janines Gruppenfenster steht der dicke, große Schneemann.

„Schade, dass er sich nicht umdrehen kann", sagt Janine, „dann könnte er uns beim Spielen zugucken."

„Er hat bestimmt Langeweile, so alleine im Garten", sagt Philipp und grinst.

„Unser Schneemann ist schön geworden, viel schöner als andere Schneemänner! Du hast ja nicht mitgebaut, aber ich!", sagt Janine.

„Stimmt!", antwortet Philipp.

„Ich habe dem Schneemann meinen Schal gegeben", sagt Janine.

„Sein Hut sieht lustig aus, er passt zu deinem Schal", sagt Philipp.

„Es war ziemlich schwierig, den kleinen, roten Kochtopf zu befestigen, deshalb habe ich ihm so viele Karottenhaare in den Kopf gesteckt. Die halten den Topf fest."

„Wie bist du denn da raufgekommen?", fragt Philipp.

„Frau Wiese hat mich auf ihre Schultern genommen."

„Und wo habt ihr die Karotten her?"

„Die hat uns Frau Guttag aus der Küche gegeben. Zum Glück hatte sie so viele. Die Kartoffeln für die Augen hat sie uns auch geschenkt."

Bevor Janine nach Hause geht, läuft sie schnell noch einmal in den Garten.
„Tschüss, lieber Schneemann", flüstert sie und drückt sich an ihn. Das fühlt sich schön an, denkt Janine. Gar nicht kalt. Eher weich und warm.
Dem Schneemann scheint das auch zu gefallen. Er beugt sich ein wenig zu Janine hinab. Janine streichelt ihn sacht, dann drückt sie dem Schneemann ihre Nase in den Bauch.
„Nun sehen wir uns ziemlich lange nicht", sagt sie und schaut zu ihm hinauf.
An seinen Kartoffelaugen hängen lange, spitze Eiszapfen.
„Du musst nicht traurig sein", sagt Janine und küsst den Schneemann. Den Schnee leckt sie von ihren Lippen ab.
Auf dem Flur dreht sich Janine noch einmal um. Sie sieht es genau: Der Schneemann hat sich ebenfalls umgedreht und guckt Janine durch die Scheibe an.
„Philipp!", ruft Janine aufgeregt. „Da! Guck mal!"
„Was ist denn?", fragt Philipp.
„Ach nichts", sagt Janine.
Der Schneemann schaut schon wieder in den Garten. Philipp würde ihr doch nicht glauben.
Den ganzen Nachmittag denkt Janine an den Schneemann. Auch abends beim Einschlafen.
„Fühlst du dich sehr alleine?", flüstert sie. „Schade, dass ich dich nicht mit nach Hause nehmen konnte. Wir hätten so schön zusammen spielen können. Ich hätte dir von meinen Sachen etwas abgegeben. Nur den Xamperl nicht. Der schläft immer bei mir im Bett. – Sei ruhig, Xamperl!"
Wenn ich mir Stiefel anziehe, den Anorak und eine Mütze,

dann könnte ich ihn heute Nacht besuchen, überlegt Janine und gähnt. Ich könnte vorsichtshalber noch Mamas Taschenlampe und Papas Feuerzeug mitnehmen. Das ist, glaube ich, alles, was man braucht, wenn man in die weite Welt geht. Janine gähnt wieder und noch einmal und reibt sich die Augen. „Dann gehe ich jetzt los. Tschüss, Xamperl, du brauchst keine Angst zu haben, ich komme bestimmt wieder."

Leise schleicht Janine am Zimmer ihres Bruders vorbei. Wenn der wüsste, denkt sie. Zum Glück schlafen Mama und Papa, als sie auf Zehenspitzen am Schlafzimmer vorbeigeht. Sie muss kichern.

Draußen bläst ihr ein eisiger Wind ins Gesicht.

„Huch!", sagt Janine.

Es ist still auf der Straße. Kein einziges Auto fährt.

Ich könnte glatt auf der Fahrbahn herumlaufen! Die Fenster der Häuser sind dunkel. Alle schlafen schon. Nur ich nicht, denkt Janine.

Mit ihrer Taschenlampe leuchtet sie zum Nachbarhaus hinüber. Dort wohnt Philipp. Der wird staunen, wenn ich ihm morgen von meiner Nachtwanderung erzähle.

Dann entdeckt sie den Mond und leuchtet mit ihrer Taschenlampe hinauf. „Hallo, Mond!", ruft sie. „Ich habe keine Angst!"

Aber den Mond interessiert das nicht. Er scheint einfach weiter.

Den Weg zum Kindergarten kennt Janine genau. Ob er nachts etwas länger ist? Es kommt Janine so vor.

Sie geht weiter durch den Schnee und horcht auf die Quietschgeräusche, die ihre Stiefel machen.

Zum Glück ist es nicht so dunkel, wie Janine befürchtet hatte. Ob jetzt wohl Mitternacht ist? Geisterstunde?, überlegt sie. Plötzlich friert sie sehr.

Sie geht etwas schneller und nun sieht sie auch schon den Spielplatz vom Kindergarten.

Der Schneemann wird sich freuen, wenn ich gleich da bin, denkt sie. Dann spielen wir etwas Lustiges. Ich könnte auch ein Feuer machen. Allerdings müsste mir der Schneemann ein wenig Reisig von seinem Besen abgeben. Vielleicht koche ich in dem ri-ra-roten Topf eine Suppe. Eine Karotten-Kartoffelsuppe.

Janine hüpft ein Stück auf einem Fuß weiter.

„Das wird ein Fest! Ein Janine-Schneemann-Fest!"

Janine ist am Kindergarten angekommen und klettert über den Zaun. Sie leuchtet mit der Taschenlampe durch den Garten. Viele Spuren entdeckt sie. Kinderspuren, Katzenpfötchen, Vogelfüße.

„Gleich bin ich bei dir", flüstert sie und knipst ihre Taschenlampe aus. So ist die Überraschung größer, denkt sie. Ein kleines Stück im Dunklen traue ich mich.

Janine kriecht unter einem Busch hindurch und springt auf. Genau in dem Moment, als sie rufen will: „Hallo, Schneemann, ich bin hier!", bleibt sie wie festgefroren stehen.

Kein Wort bringt sie heraus.

Erst nach einer Weile flüstert sie: „Das kann doch nicht sein! Wo bist du, lieber Schneemann?"

Ein klein wenig Licht macht der Mond und Janine schaut sich um.

Der Schneemann muss doch hier sein. Er kann doch nicht einfach weg sein!, denkt sie.

Dann knipst sie ihre Taschenlampe an und sieht den kleinen, roten Kochtopf auf dem Boden liegen. Eine Karotte guckt traurig aus dem Schneeberg heraus.

Janine hockt sich auf den Boden und streichelt den Schnee. Vor Kälte fängt sie an zu zittern. Ihre Fäuste klopft sie gegeneinander. Doch dann laufen ihr Tränen über das Gesicht.

„Tschüss, lieber Schneemann", flüstert sie.
Wenn ich hier sitzen bleibe, habe ich bald auch Eiszapfen im Gesicht, an der Nase, denkt sie und steht auf.
Wie durch einen Zauber wird es Janine plötzlich mollig warm. Sie dreht sich um und fühlt etwas Kuscheliges.
„Xamperl, was machst du denn hier?", fragt sie.
Janine reibt sich die Augen. Es ist ganz hell. Die Sonne scheint durch das Fenster, genau auf Janines Bett.
Nanu, überlegt Janine, habe ich alles nur geträumt?

An diesem Morgen beeilt sich Janine sehr. Sie will schnell in den Kindergarten.
Den ganzen Weg rennt sie. Ein paar Mal rutscht sie auf dem glatten Bürgersteig aus. Im Kindergarten klettert sie über den Zaun und stapft durch den tiefen Schnee. Die ganze Nacht hat es geschneit. Keine Spuren sind zu sehen. Janine sinkt bis zu den Knien ein, dabei bleiben ihre Stiefel im Schnee stecken. Janine achtet überhaupt nicht darauf. In Strümpfen und auf allen vieren krabbelt sie bis zu ihrem Gruppenfenster.
Dort ist ein hoher Schneeberg. Der Schneemann ist verschwunden. Er ist unter der Schneelast zusammengebrochen. Nur an einer Seite schimmert noch ein kleiner, roter Zipfel durch den Schnee. Es ist Janines Schal. Sie zieht ihn heraus und sagt: „Ich hatte ihn dir doch geschenkt."
Ohne sich noch einmal umzudrehen, stapft sie bis zu ihren Stiefeln, buddelt sie aus und geht in den Gruppenraum.
Viel später am Vormittag findet Janine etwas in ihrer Schublade. Es ist ein Foto von ihrem Schneemann. Frau Wiese hat es ihr geschenkt.

Zappo ist tot

Den Nachbarn von Emmelie gehörte der große, braune Schäferhundmischling. Er hieß Zappo. Ein bisschen gehört er auch mir, dachte Emmelie. Wenn sie aus dem Kindergarten kam, lief sie meistens in den Garten. Manchmal wartete Zappo schon auf sie. Emmelie schob die eine Latte des Gartenzauns, die lose war, zur Seite und Zappo quetschte sich durch die Lücke. Dann spielten sie zusammen. Emmelie warf einen Tennisball und Zappo sprang hinterher und holte ihn. Zappo ließ sich streicheln, und wenn Mama nicht guckte, dann küsste ihn Emmelie. Zappo leckte ihr dabei durch das Gesicht, das kitzelte. Emmelie liebte Zappo sehr und Zappo liebte Emmelie.

Nachmittags, wenn Tom und Jana zu Besuch kamen, holten sie Zappo dazu. Sie spielten Zirkus und brachten ihm Kunststücke bei. Zappo machte alles geduldig mit. Er ließ sich mit dem Dreirad herumschieben, trug eine Krone auf dem Kopf und lief im Puppenkleid über die Wiese. Er bellte auf Kommando und gab Pfötchen. Am besten gefiel es Zappo jedoch, wenn er einfach nur dabei war.

Als Emmelie eines Tages aus dem Kindergarten kam, merkte sie sofort, dass etwas passiert war. Mama nahm sie auf den Arm und sagte mit einer fremden Stimme: „Emmelie, es ist etwas Schreckliches geschehen."

Emmelie wartete, bis Mama weitersprach.

„Zappo ist heute Morgen von einem Auto angefahren worden. Er ist tot."

„Das glaub ich nicht", sagte Emmelie, sprang von Mamas Arm und lief in den Garten.

„Zappo!", rief sie. „Zappo! Komm her!"

Aber Zappo kam nicht.

Mama streichelte Emmelie über den Kopf.

„Sollen wir zu den Nachbarn gehen? Willst du Zappo noch einmal sehen?"
Emmelie nickte.
Die Nachbarin öffnete und sah sehr verweint aus.
„Unser Liebling ist tot", sagte sie.
Da lag Zappo im Gras und rührte sich nicht. Emmelie ging auf ihn zu, hockte sich vor ihn und streichelte ihn.
Jetzt sieht er wie mein Stoffhund aus, dachte sie.
„Steh doch auf! Komm!", drängte sie. „Du bist doch mein Freund."
Für einen Augenblick kam es ihr so vor, als hätte sich Zappo bewegt. Aber dann spürte Emmelie, dass er nie mehr mit ihr spielen konnte.
„Zappo, lieber Zappo", sagte sie und drückte ihr Gesicht in Zappos Fell.
„Komm", sagte Mama und trug sie nach Hause.
„Wie ist das denn passiert?", fragte Emmelie.
„Er ist einfach losgelaufen, weil auf der anderen Straßen-

seite ein Hund war", erzählte Mama. „Da konnte der Autofahrer nicht mehr ausweichen. Es tat ihm sehr Leid."
Emmelie weinte in Mamas Arme hinein.
Als sie sich etwas beruhigt hatte, fragte sie: „Mama, wo kommt Zappo denn jetzt hin?"
„Die Nachbarn wollen ihn auf dem Bauernhof der Großeltern begraben", sagte Mama.
Emmelie war sehr traurig. Im Kindergarten erzählte sie von Zappo. Sie rief ihre Oma an und berichtete, was geschehen war. Immerzu musste sie an Zappo denken.
Jana und Tom kamen zum Spielen. Aber es war nicht wie sonst. Sie wussten gar nicht, was sie machen sollten. Schließlich malten sie mit dicken Farbstiften Bilder. Bilder von Zappo. Es wurden lustige Bilder, Zirkusbilder.
Am Wochenende fuhren die drei Kinder mit Emmelies Eltern zum Bauernhof. Mit roten, gelben und blauen Blumen, mit Steinchen und Blättern schmückten sie den Platz, wo Zappo begraben war.
„Tschüss, Zappo!", sagte Emmelie. „Du warst so lieb, du kommst bestimmt in den Hundehimmel."
Zappos Halsband bekam Emmelie geschenkt. Vorsichtig legte sie es ihrem Stoffhund um. Es war etwas zu weit.
„Macht nichts", sagte Emmelie. „Willst du jetzt Zappo heißen?", fragte sie ihren braunen Stoffhund, der eigentlich Lotta hieß.
Da hat der Spielhund ganz ganz leise gebellt.

Mein allerliebster Kletterbaum

Vor dem Kindergarten stand ein hoher Baum. Es war ein Ahorn mit wunderschönem Laub. Alle Kindergartenkinder kannten diesen Baum. Wie Arme streckte er ihnen seine Äste entgegen. Die Kinder hingen sich daran und schaukelten. Sie spürten, wie kraftvoll die Äste waren, und trauten sich hinaufzuklettern. Vorsichtig von einem Ast zum nächsten. Einige Kinder kletterten bis in die Spitze.
„Von hier oben kannst du die ganze Welt sehen", rief Laura.
Die Kinder achteten darauf, dass kein Ast abbrach, dass sie den Baum nicht verletzten. Im Frühling war Klettern verboten, damit die jungen Blätter wachsen konnten.
Manchmal saßen Schulkinder im Baum. Sie lauschten den Blättern im Wind, hörten den Vögeln zu oder machten sogar ihre Hausaufgaben.
„Hier stört mich keiner", erklärte Florian.
Für die Kindergartenkinder war der Kletterbaum auch ein Treffpunkt. Dort versammelten sie sich nach dem Spielen im Garten. Unter dem Ahorn trafen sie sich, wenn sie etwas miteinander besprechen wollten. Hier stand auch das Kind, das beim Versteckspiel suchen musste. Einige Kinder kletterten in den Baum, wenn sie mittags abgeholt werden sollten.
„Komm herunter", riefen dann die Eltern. Aber aus dem Baum kam immer nur ein Lachen. Und noch nie sind Eltern in dem Kletterbaum gesehen worden.
Im Herbst, wenn das Laub goldgelb gefärbt war, malten die Kindergartenkinder ihren Kletterbaum. Auch im Winter stellten sie ihre Staffeleien vor den Baum und zeichneten ihn, seine Äste und Zweige mit Kohlestiften.
„Im Winter sieht er nackt aus", stellte Anna fest.
Vor den Sommerferien kamen plötzlich Baufahrzeuge ange-

fahren. Die Kinder erfuhren, dass der Kindergarten umgebaut werden sollte.
„Wir brauchen mehr Räume", sagte die Erzieherin.
Die Kinder wunderten sich, aber dann beobachteten sie sehr interessiert, wie die Bauarbeiter arbeiteten.
„Ich werde auch so ein Baggerfahrer", erklärte Fabian.
„Und ich arbeite mal im Kran", meinte Florian.
Auf der Wiese entstand ein großes Loch.
„Vielleicht bauen die auch ein Schwimmbad für uns", meinte Kathrin.
„Bestimmt nicht", antwortete Fabian.
Einer der Arbeiter kam ins Haus und sagte: „Der Baum muss weg." Anna hatte es genau gehört.
„Er hat auf unseren Kletterbaum gezeigt", sagte sie.
„Na und? Dafür kriegen wir einen schöneren Kindergarten", meinte Jannik.
„Kapierst du es nicht? Unser Kletterbaum soll weg!" Anna war empört.
Die Erzieherinnen bestätigten es.
„Ja, der Kletterbaum muss leider weg", sagten sie.
Alle redeten durcheinander. Die Kinder machten Vorschläge, wie sie den Kletterbaum retten konnten.
„Die können doch um die Ecke bauen", schlug Kathrin vor.
„Oder den Baum im Gruppenraum lassen. Stellt euch mal vor, ein Baum im Gruppenraum, das wäre toll!" Das war Fabians Idee.
Aber alles half nichts. Der Kletterbaum musste gefällt werden. Sehr traurig beschlossen die Kinder Abschied zu feiern. Abschied von ihrem Lieblingsbaum. Sie schmückten ihn mit bunten Bändern. Ein besonders langes, gelbes durfte Anna oben in der Krone befestigen.
„Tschüss, tschüss, tschüss", sagte sie und küsste den Baum.
Einige Kinder streichelten den Stamm. Jannik stand auf der

Wiese, tippte sich an die Stirn und sagte: „Ihr spinnt ja!" Dann lief er weg.
„Sei nicht traurig, du hast das Leben jetzt hinter dir", sagte Julia und winkte dem Baum zu.
Fabian schwang sich auf den unteren Ast und kletterte noch einmal bis in die Spitze.
„Danke", sagte er leise.
Mit ausgebreiteten Armen tanzte Ovino um den Baum herum und sang. Ein Lied, das keiner verstand. Doch alle fühlten, dass es ein Abschiedslied war. Plötzlich blieb er stehen und verneigte sich tief, wie ein Schauspieler vor den Zuschauern.
„Weißt du noch, wie ich mit dem Fuß in deiner Astgabel hängen geblieben bin? Fast hätten wir einen Ast absägen müssen", rief Jan zu dem Kletterbaum hinaus. Ein paar Kinder erinnerten sich daran.
Im Baum landete plötzlich eine Amsel. Sie sah zu den Kindern herunter und ließ etwas fallen.
„Ih!", rief Fabian.
„Sie hat sich auch verabschiedet", sagte Anna.
Da lachten alle, als sie ins Haus gingen.
Nach den Sommerferien, als die Kinder zurückkamen, staunten sie. Dort, wo vorher der Kletterbaum gestanden hatte, war nun der neue Gruppenraum gebaut worden. Alles sah verändert aus und so fremd.
„Wie groß der Kindergarten jetzt ist", stellte Jan fest.
Manchmal aber holten die Kinder ihre Bilder aus den Mappen. Die Bilder, die sie von ihrem Kletterbaum gemalt hatten. Sie erinnerten sich, wie stark seine Äste waren und wie gut sie sich daran festhalten konnten. Die Kinder erzählten, dass sie sehr stolz waren, wenn sie sich zum ersten Mal bis in die Spitze getraut hatten.
„Es war mein allerliebster Kletterbaum", sagte Anna.

Der sonnengelbe Luftballon

Arne lief Papa bis zum Gartentor entgegen.
„Hallo, Großer!", sagte Papa und blinzelte Arne zu. Papa zeigte auf seine Jackentasche.
Arne freute sich. Nun wusste er, dass Papa ihm etwas mitgebracht hatte. Papa hockte sich und Arne durfte in Papas Tasche herumwühlen.
„Kann ich es essen?", fragte Arne.
Papa schüttelte den Kopf.
„Schade, es fühlt sich wie ein großes Gummibärchen an", meinte Arne.
„Sind es Schwimmflügel?" Arne sah Papa erwartungsvoll an.
„Nein, falsch geraten", antwortete Papa.
„Ist es etwas zum Spielen?", wollte Arne wissen.
Da nickte Papa.
Nun konnte es Arne nicht mehr erwarten. Er zog es aus Papas Tasche heraus.
Arne pustete und pustete, aber es kam nur Spucke aus seinem Mund. Da half Papa.
Arne staunte und rief: „Halt, Papa! Hör auf, sonst platzt er."

Papa hielt eine große, sonnengelbe Luftballon-Banane in der Hand. Er knotete sie vorsichtig zu. Das ging schwer.

„Ist die schön!" Arne war begeistert.

Er warf den Luftballon in die Luft und fing ihn wieder auf. Mit beiden Händen tippte er ihn an und schickte ihn zu Papa. Papa lief hinterher. Vorsichtig schlug Papa mit einer Hand unter den Ballon. Der sonnengelbe Luftballon flog sehr hoch über Arnes Kopf hinweg. Der Wind blies ihn ein Stück weiter. Arne rannte hinterher.

„Wirf ihn doch mal zu mir!", rief Paul, der Junge der Nachbarn. Er war Pauls Freund und sie spielten jeden Tag zusammen.

Der Luftballon schwebte hin und her und her und hin. Sie spielten lange damit. Als er gerade bei Arne angekommen war, machte es plötzlich: Päng! Arnes schöner, sonnengelber Bananen-Luftballon war geplatzt.

Arne schrie auf.

„Wie ist das passiert? Wir waren doch so vorsichtig."

Arne hob den geplatzten Ballon auf, guckte ihn an und warf ihn dann ins Gras.

Arne heulte.

„Ist doch nicht so schlimm", versuchte Arnes Mutter ihn zu trösten. Sie war in den Garten gekommen, weil Arne so laut geschrien hatte. „Wir besorgen einen neuen, einen roten oder blauen."

Da schaute Arne seine Mutter wütend an.

„Ich will keinen neuen. Keinen roten oder blauen. Mein schöner hier, der ist kaputt, der kann nie mehr fliegen!"

Arne rannte in sein Zimmer. Den kaputten Luftballon legte er in seine Schatzkiste zu den anderen wertvollen Sachen. Erst als Paul rief: „Sollen wir Fußball spielen?", kam Arne langsam in den Garten zurück.

Vorlesegeschichten
von Hannelore Dierks

Hannelore Dierks
**Der kleine Bär und
die große Schatzkiste**
Vorlesegeschichten
für Kindergarten- und
Grundschulkinder
Mit s/w-Illustrationen
von Silke Voigt
88 Seiten, Pappband
ISBN 3-491-37430-8
Patmos

Der kleine Bär gehört zum Kindergarten wie das Schild an der Tür, der wackelige Teewagen in der Küche und der Apfelbaum im Garten. Als der kleine Bär irgendwann seine Schatzkiste packt und sich verabschieden will, wollen ihn die Kinder nicht gehen lassen, sie müssen erst wisssen, was in der Schatzkiste ist. Da öffnet der Bär seine Kiste – und zu jedem der verwahrten Schätze gibt es eine Geschichte zu erzählen: Geschichten, die poetisch und einfühlsam sind und Familiensituationen und Gefühle von Kindern wiedergeben.

Ab 4 Jahren zum Vorlesen
Ab 6 Jahren zum Selberlesen